Minerva Shobo Librairie

ツーリズム・モビリティーズ
観光と移動の社会理論

遠藤英樹
[著]

ミネルヴァ書房

まえがき

1．本書の背景と目的

　現代において，社会のあり方は大きく変容しつつある．石田によれば，現代社会は，①「ポスト・グーテンベルグ」状況，②「ポスト・モダン」状況，③「ポスト・ナショナル」状況，④「ポスト・ヒューマン」状況という，4つの「ポスト状況」に特徴づけられるようになっているとされる．[1]私はこれらに，⑤「ポスト・フォーディズム」状況を加えたいと考えている．以下，もう少し詳しく，5つの「ポスト状況」とはどのようなものかをみていくことにしよう．
　①　「ポスト・グーテンベルグ」状況
　M.マクルーハンが述べるように，[2]20世紀は，活字印刷技術を主体とする「活字メディア圏」から，電信・ラジオ・映画・テレビを主体とする「電気メディア圏」へと移行した時代であったが，現代のメディア状況はさらに先へと進みコンピュータやスマートフォンを主体とする「デジタル・メディア圏」へと突入している．「ポスト・グーテンベルグ」状況は，インターネットのウェブで相互に結びついた「デジタル・メディア圏」において情報・知・イメージが世界中のいたるところへと移動し，無限に情報・知・イメージを複製させていく「シミュレーションの時代」を言う．[3]
　②　「ポスト・モダン」状況
　近代が成立して以降，私たちは，人間が文明を手に入れることで次第に進歩し，技術を通じて自然を克服し，生活を豊かにし，理性的に成熟していくようになるのだと信じてきた．しかしながら，J.F.リオタールが主張するように，文明・進歩・理性等を普遍的な価値として正当化し，人びとの生を同一の枠組みにくくる価値観である「大きな物語」が今機能不全を起こし，各人は，多種多様な，拡散し分裂した価値観，すなわち「小さな物語」を生きるようになっ

i

た。そうした「ポスト・モダン」状況のもとで,「高級文化と大衆文化等の区分」⁽⁴⁾「リアルなものとコピーの区分」も消失しつつある⁽⁵⁾。

③ 「ポスト・ナショナル」状況

E. ホブズボウムが「伝統の創造」の議論において示唆したように，近代的な世界システムは，ヨーロッパにおいて創出された「国民国家」を単位に形成されたものであった⁽⁶⁾。「国民国家」を前提に，社会制度，法体系，言語もまた整備されていったのである。しかし現在，こうしたナショナルで「国民国家」的な枠組みを自明視することはできなくなっている。このことを端的に表しているのが，近年の EU をめぐる動向であろう。EU では単一通貨であるユーロの導入や非関税障壁の撤廃などを盛り込んだ経済統合，外交・安全保障政策などの政治統合にとどまらず，国境管理も廃止されているが，それを利用するかたちで多くの難民が EU 圏へとおしよせるようになっており，これを受けて近年では，イギリスが EU 離脱を表明している。このように EU をめぐる動きからは，「国民国家」の枠組みが揺らいでいることを明瞭にみてとることができよう。

④ 「ポスト・ヒューマン」状況

B. ラトゥールが主張するように，近代においてモノ（あるいは自然）は，人（あるいは社会）から切り離されて，人が働きかける単なる対象＝客体とされてきた⁽⁷⁾。しかし現在，そうした「人とモノの区別」そのものが融解するような状況が生まれつつある。これについては，近年，金融業界で展開されている「フィンテック」のことを考えてみてもよいかもしれない⁽⁸⁾。「フィンテック」とは金融（finance）と技術（technology）を組み合わせた造語で，ビッグデータ，人工知能（AI）等の最新技術を駆使しながら行われる資産運用，貸付け，決済など幅広い業務を担う金融サービスを言う。これは，テクノロジー（モノ）が人と融合することで，金融における業務を行うというものである。それにより個人や新興金融企業も従来の大手金融機関によって独占されていた業務を遂行することが可能となり，人とモノが融合する「フィンテック」は，金融秩序や社会構造を変えるエージェントとなっているのである。

⑤ 「ポスト・フォーディズム」状況

近代以降，重化学工業が発展するとともに，規格化され標準化された製品を大量に生産する生産様式が主流となった。このような生産様式は，かつてのフォード自動車会社に典型的にみられたことから「フォーディズム」と呼ばれている。だが消費社会が成熟していくとともに，消費者のさまざまな欲望にこたえられるよう多品種少量生産を効率的に行える生産様式が，「フォーディズム」に代わって求められるようになった。それは次第に，ホスピタリティ産業などの第3次産業にも拡がっていき，「ポスト・フォーディズム」状況を生じさせた(9)。この状況においては，フレキシブルな雇用制度のもと多くの非正規労働者が雇用されることが多く，不安定な生活を余儀なくされ，貧困へと追いやられる場合も少なくない。

　現代は，以上のような5つの「ポスト状況」が相互に深く影響を及ぼし合っている時代なのである。そうした中で，今社会の「現前 (presence) 性」そのものについても再考の必要にせまられていると言えよう。
　これまで社会学をはじめ，多くの人文・社会科学では，社会に対してさまざまな定義がなされ，その多様な形態や特徴が論じられてきた。だが「社会が現前しているのだ」ということについては，共通して自明視され前提とされてきたのではないか。「社会が現前しているのはまぎれもない。そうであるがゆえに，その領域の範囲で，個人，相互作用，ジェンダー，親密性，地域，聖なるもの，文化等に対しさまざまな影響を与えている」と当然のように考えられてきたのである。E.ウォーラーステインが言うように，これまでの人文・社会科学は，社会の「現前性」について無批判的であり過ぎたのである(10)。
　ただし，このように述べるからといって，本書は，イギリスの元首相マーガレット・サッチャーによる「社会などというものは存在しない（あるのは個人だけだ）」という発言に与するつもりはない(11)。サッチャーは，個人がまさに「個人」であり得るのは「社会」があるからだということにまったく目を向けていない。絶海の孤島で一人，生まれ育ったものにとって「社会」はないかもしれないが，自分が「個人」であることも意識することはないだろう。

とはいえ，5つの「ポスト状況」が相互に深く影響を及ぼし合う中で，社会の「現前性」を素朴（ナイーブ）に前提にすることも，もはや適切ではない。それでは，いったい，どうすればよいのか。
　「ポスト・グーテンベルグ」状況における情報・イメージのフロー，「ポスト・モダン」状況における知・価値観・文化のフロー，「ポスト・ナショナル」状況における人のフロー，「ポスト・ヒューマン」状況における機械・技術のフロー，「ポスト・フォーディズム」状況における資本と労働のフロー——このような人，モノ，資本，情報，知，技術等のフローが絶えず生じ，奔流のように合流しながらも，ぶつかり合い，今，モビリティの風景（スケープ）とも呼ぶべきものを現出させている。モビリティの風景を現出させるフローの線分の数々をたどっていくと，それらが個人，相互作用，ジェンダー，親密性，地域，聖なるもの，文化等の側面に残していったさまざまな「痕跡」（J.デリダ）に出会うだろう。考古学が遺物，遺構等の「痕跡」を読み解いていくことで，過去の営みがかつてここに実在したのだと仮構したうえで，過去の営みを再構成していくように，人文・社会科学の社会理論も今後，モビリティに残された「痕跡」を読み解くことを通じて，社会が現前しているといったん仮構したうえで，社会のあり方を再構成していくことが重要となるのではないだろうか。
　その際，モビリティの風景（スケープ）を構成するものとして，観光は重要な位置を占めている。このことについて，M.シェラーとJ.アーリは以下のように述べる。

　　「『旅や観光』は，世界のGDPの11.7％，輸出額の8％，雇用の8％を占める世界で最も巨大な産業になっている。180カ国以上で観光統計を出版している世界観光機関（WTO 2002）によれば，こうしたモビリティはほぼすべての場所で影響を与えている。多くの訪問客を送り出したり迎え入れたりしていない国など，ほとんどありはしない。世界中で，毎年，7億人もの人びとが旅をしており（1950年には2,500万人だったのに対して），2010年には10億人を超えると予測されている。(13)」

観光というモビリティ（ツーリズム・モビリティ）は，数億人もの観光客を移動させるだけではなく，彼らを迎え入れるために，ホスピタリティ産業に従事する労働者を世界各地から集め，移動させる。こうした人の移動は，彼らが手にする荷物等のモノの移動を伴う。また観光は一大産業として，巨額の資本を移動させ，観光地をめぐるさまざまなイメージや情報も移動させていくことになる。

　それゆえ，ツーリズム・モビリティの風景（スケープ）を現出させている，人，モノ，資本，情報，知をはじめとする多様なフローの線分は，文化，地域，聖性等に多くの「痕跡」を残していく。それらは，文化，地域，聖性に大きな影響を与え，それらのかたちを大きく変えてしまうが，観光というモビリティ（ツーリズム・モビリティ）に残されているこれらの「痕跡」を読み解いていくことで，社会のあり方を再構成することが求められるようになっているのではないか。本書は，まさに，こうした「ツーリズム・モビリティの社会理論」を展開することを目的にしており，それにより人文・社会科学の刷新を行っていこうとするものである。

2．本書の構成

　本書は8章と1つの補論からなり，それぞれの章は大きく3部に分類されている。以下では，本書の構成と各章の概要について示しておきたい。

　「序章　人文・社会科学における『観光論的転回』——生成的なディシプリンへの呼びかけ」では，まず人文・社会科学は観光研究も含め，1960年代から1980年代にかけて「言語論的転回」を，1980年代から2000年代にかけて「文化論的転回」を経ながら，みずからのレゾンデートル（存在意義）を問い続けてきたことが述べられる。とくに人類学，社会学，地理学の領域では，国内外ともに，その傾向は顕著であった。だが現在，これら「言語論的転回」や「文化論的転回」の議論をさらにすすめて，「モビリティ」に対する問いかけが必要とされるようになっていることが議論され，このことをふまえて人文・社会科学は観光

論的な視点を積極的に内在化させていく必要があることを主張する。結論として，観光学を，静的・定常的なディシプリンとしてではなく，動的・生成的なディシプリンとして確立していくべきことを呼びかけている。

「第Ⅰ部　ツーリズム・モビリティと文化」では，とくにポピュラーカルチャーに焦点を絞り，ツーリズム・モビリティがこれらに対してどのような「痕跡」を残しているのかが考察される。

「第1章　モビリティ時代におけるポピュラーカルチャーと観光の相互接続——観光的磁場に惹かれるポピュラーカルチャー」では，観光が一方的にポピュラーカルチャーに誘発されるだけではなく，逆に，観光がポピュラーカルチャーを活性化し（activate），変容を促し（change），新たなものへと再創造する（renovate）場合があることがさまざまな事例を通して述べられる。結論として，これからの文化研究や観光研究では，ポピュラーカルチャーと観光がグローバルな複雑性（global complexity）のもとで，メビウスの輪のごとく相互に接続し合うプロセスをとらえ，そのことを通じてローカル／ナショナル／グローバルが再編されていく「社会的なもの（the social）」の現在的形態を明らかにしていくべきことが主張される。

「第2章　東京ディズニーリゾートの想像力——モバイルな現代社会のあり方を映し出す場所」では，東京ディズニーリゾートという場所が，「シミュレーション」をはじめ，モバイルな時代における文化のあり方が象徴的に映し出される場所であることが述べられる。この「シミュレーション」は，つねに「リアル」とメビウスの輪のように密接に絡まり合っており，ディズニーリゾートでは「ポスト・フォーディズム」的な労働の一つである「パフォーマティブ労働」をはじめ数々の「リアル」な仕掛け・仕組みに「シミュレーション」の「夢の国」が支えられていることが指摘される。また，グローバルなモバイル社会をとらえていくためには，人（社会）とモノ（自然）の多様なネットワークをとらえていかなくてはならないが，このことも，ディズニーリゾートをふまえることで明瞭に浮かび上がる。

「第Ⅱ部　ツーリズム・モビリティと地域アイデンティティとダークネス」で

は，ツーリズム・モビリティと結びつくかたちで，いかに地域のアイデンティティやダークネスが起動するのかが議論される。

「第3章 観光における『伝統の転移』——『合わせ鏡』に映る鏡像としての地域アイデンティティ」では最初に，観光現象と出会うことで，地域における「伝統」のかたちが変容したり，新たに創造されたりすることが確認される。しかしながら，現在，それだけにとどまらず，地域アイデンティティが「合わせ鏡」の中に映る鏡像として形成される場合が少なからずあることが「よさこい祭り」等を事例に指摘される。ツーリズム・モビリティは，自己の欲望と他者の欲望をシンクロナイズ（同調）させるものとして，こうした「オリジナルなき世界」を促し，拡張し，地域アイデンティティから地域の固有性という文脈を剝ぎとり，まさに「デラシネ（根無し草：déraciné）」として漂流させていくのである。

「第4章 社会的に構築される『ダークネス』——モバイルな世界において抑圧されたものの回帰としてのツーリズム・モビリティ」では，近年新たに注目されつつあるダークツーリズムにおけるさまざまな事例を取り上げながら，たとえ戦跡や災害の被災跡などが保存され，それが歴史的にどれほど重要であったとしても，観光にかかわる人びとが，それを「観光されるべきダークネス」として構築していかない限り，その場所は「ダークツーリズム」の対象になることはならず，観光というモビリティの文脈における「ローカリティ（地域）の政治性」が，「ダークネスに対するまなざし」を創りあげる（あるいは創りあげない）といったことが主張される。また近年，なぜ私たちが「ダークツーリズム」に魅せられるようになっているのかを，S. フロイトの「死の欲動」という概念を用いつつモバイルな世界との関連で考察する。

「第Ⅲ部 ツーリズム・モビリティと再帰性」では「再帰性」をキーワードとして，現代のモバイルな時代における聖性や地域のかたちが観光と結びつきながら形成されてきたことについて論じられる。

「第5章 『虚構の時代の果て』における『聖なる天蓋』——恋愛と旅の機能的等価性」では，1980年代後半から1990年代という限定された時期において，

恋愛と旅が聖性を担うという点で同じ機能を有していたことをめぐって議論が展開される。まず，社会学者である見田宗介の時代区分を用いながら，日本が「理想の時代」「夢の時代」から，1980年代，「虚構の時代」に移行していったことが確認される。次に，「虚構の時代」を映し出す想像力であったトレンディドラマが，1980年代後半から1990年代にかけて，純愛ドラマへと変容していったことが述べられ，社会的に恋愛に大きなウェイトが置かれるようになったことが考察される。その頃，恋愛と同様に，旅も，現実感覚（リアリティ）やアイデンティティにアクセスするためのメディア（媒体）であったことが検討され，モビリティが進化＝深化した現代において「聖性なき聖性」とも言うべきものが新たに再帰的に生じ始めていることが指摘される。

「第6章　グローバル時代の新たな地域研究——シンガポールを事例とした考察」では，地域がグローバリゼーションとローカライゼーションが重層的にせめぎあう中で成立するようになっていることが指摘される。そのうえで地域研究が，そうしたすがたをとらえていかなくてはならず，これまでになく大きな刷新をもとめられていることが主張される。今や地域を固定的なものとして実定化してとらえることは，不可能になり，地域を所与のものとして自明視することはできず，絶えず構築され続けるものと考える必要が生じている。本章は，これからの地域研究において，モビリティを駆動・加速させる現象である観光との再帰的関係において地域を考察し，地域が生成され続けるあり方を照射する試みなのである。

「第Ⅲ部補論　『再帰性』のメディア——近代を駆動させるドライブとしての観光」では，第Ⅲ部のキーワードとなっている「再帰性」をめぐって議論を深めるために，まず，ジム・キャリーという俳優の主演映画に言及しつつ，「再帰性」とはいかなるものかを補足的に説明している。そのうえで，①近代が「再帰性」において特徴づけられる社会であること，②観光は近代の「再帰性」を顕著に体現しているとともに，他の社会領域全体に「再帰性」を媒介し伝達し浸透させていくものとなっていること，この２点が議論されている。

「終章　モバイル資本主義を超える『遊び』＝『戯れ』の可能性——観光の快楽をめぐる『外部の唯物論』」では，ツーリズム・モビリティの社会理論として，いかにして新たな社会構想が可能となるのかが模索される。資本主義は，私たちの欲望を駆動させ人びとの社会関係のあり方までも変容させてしまう〈力〉をもち，とくに国民国家的枠組みの存在を前提とした「産業資本主義」から，人，モノ，資本，情報，知が絶えず移動するグローバルな「モバイル資本主義」へと，資本主義的形態が変容を遂げていくとともに，そうした傾向を強めてきた。その中で，観光もモバイル資本主義のシステムの中へと回収され，飼い馴らされ，さまざまな幻想の快楽を人びとに提示してきたが，観光が有する「遊び」＝「戯れ」を解放していくことで，観光のコンヴィヴィアリティをキーワードとした社会構想を展開し得ることが主張される。

注
(1) 石田英敬『現代思想の教科書——世界を考える知の地平15章』筑摩書房，2010年，24-32頁。
(2) マクルーハン，M./森常治訳『グーテンベルグの銀河系』みすず書房，1986年。
(3) ボードリヤール，J./今村仁司・塚原史訳『象徴交換と死』筑摩書房，1992年。
(4) リオタール，J.F./小林康夫訳『ポスト・モダンの条件』水声社，1986年。
(5) 須藤廣・遠藤英樹『観光社会学——ツーリズム研究の冒険的試み』明石書店，2005年，206頁。
(6) ホブズボウム，E./前川啓治・梶川景昭他訳『創られた伝統』紀伊国屋書店，1992年。
(7) ラトゥール，B./川村久美子訳『虚構の「近代」——科学人類学は警告する』新評論，2008年。
(8) 岡本裕一朗『いま世界の哲学者が考えていること』ダイヤモンド社，2016年，日経コンピュータ『FinTech革命——テクノロジーが溶かす金融の常識』日経BP社，2015年。
(9) ボワイエ，R.&デュラン，J.P./荒井寿夫訳『アフター・フォーディズム』ミネルヴァ書房，1996年，岡本裕一朗『本当にわかる 現代思想』日本実業出版社，2012年，139頁。
(10) ウォーラーステイン，I./本多健吉・高橋章訳『脱＝社会科学』藤原書店，1993年，川北稔『ウォーラーステイン』講談社，2001年，相澤哲「I.ウォーラーステインによる

『社会科学』批判について」『長崎国際大学論叢』第7巻，2007年，1-11頁。
⑾　アーリ，J.／吉原直樹監訳『社会を越える社会学――移動・環境・シチズンシップ』法政大学出版局，2006年，21頁。
⑿　デリダ，J.／林好雄訳『声と現象』筑摩書房，2005年，デリダ，J.／足立和浩訳『グラマトロジーについて』現代思潮社，1983年，林好雄・廣瀬浩司『デリダ』講談社，2003年。
⒀　Sheller, M., & Urry, J.: *Tourism mobilities : Places to play, places in play*, Routledge, 2004, p.3.

2016年10月

遠藤英樹

ツーリズム・モビリティーズ
―― 観光と移動の社会理論 ――

目　次

まえがき

序　章　人文・社会科学における「観光論的転回」………………… 1
　　　　──生成的なディシプリンへの呼びかけ
　1　刷新する人文・社会科学………………………………………… 1
　2　人文・社会科学における観光研究の流れ…………………… 2
　　　──真正性に関する研究を中心に
　　　（1）観光における真正性研究　2
　　　（2）観光の真正性研究と人文・社会科学の流れ　6
　3　the social as tourism……………………………………………… 9
　　　（1）「モビリティ」をめぐる問い　10
　　　（2）ツーリズム・モビリティ　12
　4　人文・社会科学の「観光論的転回」へ………………………… 14

第Ⅰ部　ツーリズム・モビリティと文化

第 1 章　モビリティ時代におけるポピュラーカルチャーと観光の相互接続… 20
　　　　──観光的磁場に惹かれるポピュラーカルチャー
　1　ポピュラーカルチャーの政治的無意識………………………… 20
　2　これまでのポピュラーカルチャー研究………………………… 21
　　　（1）ポピュラーカルチャーの「表象」論　21
　　　（2）ポピュラーカルチャーにおける「表象と社会との関係」論　22
　　　（3）ポピュラーカルチャーの「メディア」論　23
　3　ポピュラーカルチャーにおけるソフト・パワーと観光……… 24
　　　（1）ポピュラーカルチャーにおけるソフト・パワー　24
　　　（2）ポピュラーカルチャーに誘発される観光　26
　4　ポピュラーカルチャー研究の「観光論的転回」……………… 28
　　　（1）ポピュラーカルチャーの観光性　28
　　　（2）境界が融解する2つの想像力　31

（3）文化産業における空間への着目　32
　5　グローバルな力学のもとにあるポピュラーカルチャーと観光……… 34

第2章　東京ディズニーリゾートの想像力……………………………… 39
　　　──モバイルな現代社会のあり方を映し出す場所
　1　東京ディズニーリゾートという観光地……………………………… 39
　2　「シミュレーション」の世界………………………………………… 41
　3　「シミュレーション」論を超えて…………………………………… 43
　4　「リアル／ファンタジー」「自由／管理（コントロール）」のメビウスの輪………………………………………………………………………… 47
　5　モノが歩く──アクター・ネットワーク理論の視点から………… 49

第Ⅱ部　ツーリズム・モビリティと地域アイデンティティとダークネス

第3章　観光における「伝統の転移」…………………………………… 58
　　　──「合わせ鏡」に映る鏡像としての地域アイデンティティ
　1　観光と伝統の結びつき……………………………………………… 58
　2　観光における「伝統の変容」と「伝統の創造」………………… 58
　3　「伝統の転移」とは何か──「よさこい祭り」を事例に………… 62
　4　「合わせ鏡」に映る鏡像としての地域アイデンティティ………… 65
　　　──S. フロイトや J. ラカンの議論を手がかりに
　5　地域アイデンティティのモバイル化……………………………… 67
　　　──「オリジナルなき世界」を拡張する観光
　6　「地域で生きる」新たなかたちをめざして………………………… 69

第4章　社会的に構築される「ダークネス」……………………72
　　　——モバイルな世界において抑圧されたものの回帰としてのツーリズム・モビリティ

1　「ダークツーリズム」とは何か……………………………………72

2　「ダークツーリズム」の分類………………………………………73
　　（1）人為的にもたらされた"死や苦しみ"と結びついた場所へのツアー　73
　　（2）自然によってもたらされた"死や苦しみ"と結びついた場所への
　　　　ツアー　75
　　（3）人為的なものと自然の複合的な組み合わせによってもたらされた
　　　　"死や苦しみ"と結びついた場所へのツアー　76

3　「ダークツーリズム」の何が新しいのか…………………………78
　　（1）"人類の歴史"への問い　79
　　（2）"観光"への問い　80

4　社会的に構築される「ダークネス」………………………………80
　　——観光というモビリティの文脈における「ローカリティ（地域）の政治性」

5　モバイルな世界において抑圧されたものの回帰としてのツーリズム・
　　モビリティ………………………………………………………………85

第Ⅲ部　ツーリズム・モビリティと再帰性

第5章　「虚構の時代の果て」における「聖なる天蓋」………90
　　　——恋愛と旅の機能的等価性

1　恋愛と旅のゆくえ……………………………………………………90

2　「理想の時代」「夢の時代」から「虚構の時代」へ………………91

3　恋愛という「聖なる天蓋」…………………………………………92
　　（1）テレビドラマに映し出される「虚構の時代」　92
　　（2）トレンディドラマから純愛ドラマへ　94
　　（3）恋愛という「聖なる天蓋」　95

4　旅という「聖なる天蓋」……………………………………………96

（1）バックパッカーとは何か　96
　　　（2）もう一つの「聖なる天蓋」　98
　　　（3）E. コーエンの5類型——聖性の「中心」にふれる旅　100
　5　モビリティが進化＝深化した現代の聖性………………………………… 101

第6章　グローバル時代の新たな地域研究 …………………………… 106
　　　——シンガポールを事例とした考察
　1　新たな地域研究 ……………………………………………………………… 106
　2　観光産業に注目するシンガポール ……………………………………… 106
　3　観光によって変貌するシンガポールの地域 ………………………… 110
　4　観光と地域の再帰性 ……………………………………………………… 114
　5　地域の実定性を問う観光 ………………………………………………… 117

第Ⅲ部補論　「再帰性」のメディア ……………………………………… 122
　　　——近代を駆動させるドライブとしての観光
　1　「再帰性」と観光 …………………………………………………………… 122
　2　「再帰性」とはいかなるものか——ジム・キャリーの映画作品を通して …… 122
　　　（1）ジム・キャリー作品のあらすじ　122
　　　（2）映画作品に表現される「再帰性」　125
　3　再帰的な近代 ………………………………………………………………… 128
　4　観光の「再帰性」のレベル ……………………………………………… 131
　　　（1）観光主体のレベル　131
　　　（2）観光対象のレベル　133
　　　（3）観光行為のレベル　134
　5　近代における「再帰性」のメディアとしての観光 ………………… 135

終　章　モバイル資本主義を超える「遊び」=「戯れ」の可能性… 139
　　　　──観光の快楽をめぐる「外部の唯物論」
　1　観光の可能性……………………………………………………………… 139
　2　快楽をめぐる「外部の唯物論」………………………………………… 140
　　　（1）「外部の唯物論」とは何か　140
　　　（2）「外部の唯物論」と快楽　142
　3　資本主義の内部にある観光の快楽……………………………………… 145
　　　（1）観光と資本主義　145
　　　（2）イマジナリーな幻想の快楽　148
　4　〈可能態〉としての「外部の唯物論」………………………………… 152
　　　（1）観光の中の「遊び」=「戯れ」　153
　　　（2）観光のコンヴィヴィアリティ　155
　5　モバイル資本主義を超えて……………………………………………… 158

参考文献
あとがき
索　引

| 序　章 | 人文・社会科学における「観光論的転回」
――生成的なディシプリンへの呼びかけ |

1　刷新する人文・社会科学

　人文・社会科学は社会のあり方の変容に応えるかたちで，これまで，いくつかの転回を経ながら，みずからのレゾンデートルを問い続け刷新をとげてきた。
　「言語論的転回（linguistic turn）」と言われるものも，その一つである。これは，R. ローティが1967年に編集した *The Linguistic Turn* というタイトルの言語哲学をめぐるアンソロジーから広まった用語だとされている。[1]「言語論的転回」においては，私たちの社会的現実が，さまざまな言説を通じて構築されているものだとされる。言語は，ただ単に社会的現実を映し出す「透明な鏡」なのではなく，社会的現実を構築するものであるという。
　この考え方は，社会的制度や文化は決して無根拠に前提とされるものではなく，つねに言語や記号による言説と密接に結びついて形成されていることを明確にするものである。文化を記号論的に考察する視点もその一つだ。記号論は，スイスの言語学者である F. ソシュールによって提唱されたものだが，たとえば R. バルトは記号論を用いてポピュラーカルチャーを読み解きながら，そのコンテンツに内在するイデオロギー性を剔抉する。[2]
　その後，1980年代から2000年代にかけて，「文化論的転回（cultural turn）」が，人文・社会科学の分野で議論されるようになる。これは，構造主義，ポスト構造主義の影響を受けたカルチュラル・スタディーズを軸に展開されてきたものである。[3]「文化論的転回」においても，私たちの社会的現実がさまざまな言説を通じて構築されており，記号的に構成され解釈されるものだと見なされる。ただし，「文化論的転回」では，こうした記号性の背後にさまざまな不平等，差別，

I

排除が存在していることが強調される。この点が「言語論的転回」との大きな違いであろう。「言語論的転回」では，社会的現実に内在するイデオロギー性を言語や記号との関連で明らかにしていくことに力点が置かれるが，「文化論的転回」においては社会的現実に内在する記号的なイデオロギー性を指摘することを超えて，その背後で多様な社会的ポジションが政治的に折衝＝交渉し合い構築する「表象の戦場」をとらえていくことに力点が置かれる。

このような「文化論的転回」と親和性が高いのが，「構築主義」という視点だ。「構築主義」は，ある意味・事実・性質が，最初からずっと変わることなく存在しているのではなく，社会的な関係性のもとで構築され変化していくものだとする考え方を言う。「構築主義」は，M. フーコーや J. デリダらの思想に影響を受けながら，社会学や人類学，哲学などで主張されてきたものである。

2　人文・社会科学における観光研究の流れ
――真正性に関する研究を中心に

以上のような人文・社会科学における流れに，観光研究も影響を受けつつ議論を展開してきた。それは「観光における真正性」研究において，顕著にみてとることができるように思われる(4)。本章では，「観光における真正性」研究について，その代表的な議論をいくつか紹介し，それらが人文・社会科学における流れといかに結びついているのかを考察したい(5)。

（1）観光における真正性研究
1）D. J. ブーアスティンの議論

まず，「観光における真正性」研究について，D. J. ブーアスティンの「擬似イベント」論から議論を始めていくことにしよう。

現代社会において，メディアはその力を非常な速度で強めつつある。その結果，メディアは現実を構成したものであるにもかかわらず，メディアによって構成されたイメージが一人歩きしだし，現実以上の力をもつにいたっている。このように現実よりも，写真・映画・広告・テレビなどさまざまなメディア，

すなわち複製技術によって演出され創り出された現実のイメージの方が現実感をもつという「知覚のあり様」をブーアスティンは「擬似イベント」という概念でとらえようとしている。

ブーアスティンは「擬似イベント」の一つの例として観光を取り上げ考察を展開しているが，そこで彼は，観光がメディア（観光情報誌や観光パンフレット，新聞広告，テレビ等）によって提供されるイメージを確認するだけのものになっていると論じている。彼によれば，「観光客の欲求は，彼自身の頭のなかにあるイメージが，（観光地において）確かめられた時，最も満足する」とされる[6]。ブーアスティンは，ツーリストたちがただメディアによって構成されるイメージを追認しているにすぎず，彼らの経験はまったく真正なものとはかけ離れており，擬似的で人工的なものだと考えているのである。

2）D. マキァーネルの議論

しかしながら果たして，観光とはメディアによってつくりあげられた「擬似的なもの」に過ぎないのだろうか。マキァーネルは，ブーアスティンの問題提起を受けとめつつも，そういった疑問を次のように述べている。

> 「観光客が表層的で企画された経験を欲する，というブーアスティンの主張を支持する情報は，私が収集した調査結果には一切なかった。むしろ観光客は，ブーアスティンが望む真正性を望んでいるのだ[7]。」

マキァーネルによれば，ツーリストたちは，つくりあげられ飾り立てられた観光空間を望んではおらず，観光地で暮らす人びとの本物の暮らし，本来の何も手が加えられていない真正な文化を経験したいという，真正なものに対する願望に駆りたてられているとされる。マキァーネルはそうした状況を社会学者E. ゴフマンの用語を借りて，「表舞台（front）」ではなく「舞台裏（back）」をツーリストが求めているのだと表現する。

ただしツーリストたちの経験が果たして真正なものかどうかは，結局のところ確かめられはしない。舞台裏に入ったと思っていたのに，実はそこは，ツー

リストたちが訪問しても良いようにセットが組まれた表舞台だったりする。現代社会の観光状況においては，真正な舞台裏そのものが演出されていると言えよう。その意味でツーリストたちは，擬似的で人工的なパスティーシュ（模造品）に満ちた「表舞台」と，真正性に満ちた「舞台裏」が交差する，ねじれた空間を旅しているとマキァーネルは言う。[8]

3）E. M. ブルーナーの議論

これらに対して，E. M. ブルーナーは，文化はすべて絶えず創造され続けるとする構築主義的な立場から真正性の問題にアプローチしようとする。「文化とは何かを問うのではなく，文化がいかに達成され創られるのかを考えていくべき」だとブルーナーは主張するが[9]，それによって彼は，オリジナル／コピー，真正なもの／真正でないものといった対立を乗りこえていこうと考えているのである。

その際，彼はアメリカのイリノイ州の中央部にある歴史名所ニュー・セイラムを事例とする。ニュー・セイラムは，1830年代にエイブラハム・リンカーンが暮らしていた土地であり，その当時のままに再建した村とミュージアムから成り立っている観光施設である。ここはキャンプ場やピクニックコースを含む640エーカーある公園の中に位置しており，年間50万人以上のツーリストが訪れる。この場所は，イリノイ州が所有する公共施設で，23のログハウスがあり，ほとんどのログハウスにはインタープリター（解説者）がいる。彼らはリンカーン当時の衣服をまとい，ツーリストたちを迎えいれ，1830年代の生活について語り，その家にもといた住人について話をし，ツーリストたちの質問にこたえる。その他，ここでは民芸のデモンストレーションが行われ，鍛冶，料理，鋤，毛糸織りや染物，さらにはロウソク，石けん，箒，靴，スプーンなどの製作を目にすることができる（図序-1・2参照）。

このニュー・セイラムのパンフレットには，「真正な複製」という形容矛盾した記述がみられる。ブルーナーはこれに注目し，真正性の意味を明らかにしようとする。

彼によるとニュー・セイラムでは真正性に４つの意味が認められるという。

図序-1　ニュー・セイラムの風景
出所：筆者撮影（2000.07.15）

図序-2　ニュー・セイラムのインタープリター
出所：筆者撮影（2000.07.15）

それは，①「本物らしさ（verisimilitude）」，②「真実さ（genuineness）」，③「オリジナリティ（originality）」，④「オーソリティ（authority）」である。「本物らしさ」とは現代の人間がニュー・セイラムの村に入り，「まるで1830年代のようだ」と言うときの意味で，たとえ時代考証的には不正確であっても当時のアメリカの雰囲気を伝えているかどうかが重要となる。これに対し「真実さ」とは時代考証的に正確で，当時の人間がもし生きていれば彼らに「まるで1830年代のようだ」と言われるかどうかが重要となる。次に「オリジナリティ」とは，コピーではないオリジナルなものであるということを示している。最後に「オーソリティ」とは正式にオーソライズされ認可されていること，法的に妥当なことを意味している。

　ブルーナーは，このように真正性の意味を4つに分けるが，それ自体はとくに重要ではない。重要なのは，これら4つの意味がニュー・セイラムにおいて人びとにどのように運用され構築されているのかという視点から，彼が真正性の問題にアプローチしようとしていることなのである。ニュー・セイラムというテクストに書かれている真正性の意味は，ツーリストたちに前もって本質的に「与えられている」ものではなく，それは，ツーリストたちがニュー・セイラムというテクストをいかに「読み解いていく」のかという彼らの実践にかかっており，真正性の意味は，ツーリストがお互い同士や観光地のスタッフと相互作用することを通じて構築されていくものなのだ。

このように真正性をとらえるならば，観光地が真正か，真正でないか，オジリナルかコピーかという対立は意味をなさなくなるであろう。真正なものもいつか真正でなくなり，その逆もありうる。たとえば，1930年代にはニュー・セイラムにいるインタープリターたちは，ジーンズ，綿毛のシャツ，皮のブーツを着て，当時の住民たちの役を演じていた。ジーンズ，シャツ，ブーツは1930年代の人びとにとっては昔風の服装として受け入れられるものであったのだ。しかし現代では，大抵の学生や訪問客自身がそういった服装をしているため，そうではなくなっている。「本物らしさ」の観点から言って，1930年代には昔風の真正な服装であったものが，現代ではそうではなくなったのだ。
　また，コピーとされていたものがオリジナルに対する私たちの見解を変容させることもある。たとえば，現代の「ニュー・セイラムは Abraham Lincoln のニュー・セイラムを強調しすぎており，彼がそれ以前に過ごしたインディアナ時代やヴァンダリア時代を無視する傾向がある。Lincoln がニュー・セイラムにやって来たのは22歳のときで，その時彼はすでに大人であり，真の精神的成長はどこか別の場所でなされたはずなのだ。…（中略）…観光名所としてのニュー・セイラムが創られることによって，Lincoln の伝記のなかでニュー・セイラム時代の重要性が誇張されるようになったのではないだろうか。こうして20世紀における観光の表象がプロフェッショナルな歴史家の言説をつくりかえ，1830年代当時に対する我々の理解のしかたにも影響を与えることになったのである」(10)。
　このように構築主義の視点からすれば，観光の真正性とは何か，それは擬似的なものとどのように異なるのか，そして両者の対立はいかに乗りこえられるのかといったことは重要ではない。真正性は存在するのではなく，それは観光地というテクストをいかに「読み解いている」のかという人びとの実践活動の中で絶えず構築されるのである。

（2）観光の真正性研究と人文・社会科学の流れ

　以上みてきたように，観光の真正性という同じ対象を扱っていても，採る視

点によって異なる議論が展開されていることが分かる。ブーアスティンの視点にせよ，マキァーネルの視点にせよ，ブルーナーの視点にせよ，それは，社会の変容に何とか応えようとしてきた，社会学，地理学，人類学をはじめとする人文・社会科学における学問領域の流れと密接に関わりながら形成されてきたものなのである。

ブーアスティンの議論をきっかけに観光の真正性が議論され始めた1960年代後半から1970年代中頃にかけて，社会学では，T.パーソンズの「構造－機能主義」に対する批判が積極的に展開されようとしていた。パーソンズの「構造－機能主義」によると，社会システムが存続するうえで必ず満たしておかなくてはならない要件として，①「社会システムが資源を獲得し適応する機能（adaptation）」，②「社会システムが自らの目標を設定し達成する機能（goal attainment）」，③「社会システム内部の秩序を維持するために成員をまとめ統合する機能（integration）」，④「社会システムの課題を達成する際に成員に対して充分な動機づけを与える機能（latent pattern maintenance）」の4機能があり，これらの機能的必要を満たすために，さまざまな行為や行為のサブシステムが分化してくるとされていた。(11)

パーソンズの議論そのものにはより真摯に検討されるべき論点が多いと思われるが，1950年代のアメリカにおいて彼の「構造－機能主義」が受け入れられたのは，その時代には，安定した社会システムを前提とすることにリアリティがあったからではないか。安定した社会システムがあり，そのもとで個人が機能的に社会システムに貢献することが，個人の豊かさや幸福にも直結する。こうしたことにリアリティがあったからこそ，パーソンズの「構造－機能主義」は社会学界をはじめ多くの人びとに受け入れられたのである。しかし，こうしたリアリティはベトナム戦争をきっかけにした反戦運動やスチューデント・パワーによる学生運動等を経て，1960年代後半から1970年代中頃にかけて崩れ始め，それとともにパーソンズ批判が展開されるようになる。

ブーアスティンの議論も，そのことと無関係ではない。メディアは現実を構成したものであるにもかかわらず，メディアによって構成されたイメージの方

が現実以上に現実感をもつ。ブーアスティンの「擬似イベント」論におけるこのような視点はまさに，もはや安定した社会システムや確固たる現実などないのだという認識が生じることで現れてきたものである。ただしブーアスティンは，メディアによるイメージの方が現実よりも現実感をもつという「知覚のあり様」の存在を指摘し嘆くにとどまっており，メディアによるイメージがどれほど現実感を帯びようとも，それは結局「擬似」的なもの，偽りのものなのだと考えている。それゆえ彼は，かつての旅行（travel）が「長期にわたる準備，大きな費用，時間の莫大な投資を必要とした」能動的なものであったのに対して，現代の観光（tourism）がメディアによって「稀薄化され，作りあげられたものになってしまった」と述べているのである。[12]

マキァーネルはブーアスティンの問題提起を引き継ぎながらも，ツーリストたちが擬似的なパスティーシュと真正性が交差する空間を旅していると主張し，「演出された真正性（staged authenticity）」という概念を提唱した。これによって，真正性も演出され創られるということをブーアスティン以上に明快に言及できるようになったのだ。

その際に，マキァーネルがみずからの議論を展開するうえで主に援用していたのが，ゴフマンによる「表舞台」「舞台裏」という概念であった。パーソンズに対する批判として，1970年代にシンボリック・インタラクショニズムや現象学的社会学が提唱される。安定した社会システムや確固たる現実などどこにもないという認識のもと，社会システムや機能に回収しきれない人びとが織りなす「意味」，それこそが現実を創りだしているとシンボリック・インタラクショニズムや現象学的社会学は主張したのである。ゴフマンもまた，社会学の分野で，これらと親和性をもつ議論を展開していたのだ。

またマキァーネルが援用した理論として，レヴィ＝ストロースによる構造主義的人類学や記号論が挙げられるが，ゴフマンを含め，これらすべてに共通しているのが「言語」や「意味」に対して着目した「言語論的転回」からの影響である。その意味で，マキァーネルの視点はシンボリック・インタラクショニズムや現象学的社会学，ゴフマンといった社会学の流れ，レヴィ＝ストロース

による構造主義的人類学，記号論などの諸理論が展開された社会のあり方と交差しつつ，これら諸理論とのネットワークにおいて社会的に編成されたものなのである。

ではブルーナーはどうなのだろう。観光の真正性が創られるというアイデアにとどまることなく，ブルーナーは観光の真正性が「いかにして」創られるのかといったプロセスに目を向ける。このブルーナーの視点は，社会学や人類学の領域において1990年代に顕在化するようになった構築主義の流れに属するものである。構築主義は言説や表象をめぐる実践によって現実がどのように構築されるのかというプロセスを詳細に描きだそうとする。こうした姿勢は，「文化論的転回」を牽引したカルチュラル・スタディーズとも親和的なものである。阪神・淡路大震災（1995年），地下鉄サリン事件（1995年），アメリカ同時多発テロ事件（2001年）以降の数々のテロ事件，東日本大震災（2011年）をはじめとする出来事を前に，言説や表象の力が信じられなくなっていく時代にあって，構築主義は，私たちと世界をつなぐ回路を今一度模索しようとしたのだとも言えるが，ブルーナーの視点はまさに，こうした流れの中で形成されているのだ。

このようにみてくるならば，真正性に関する研究に限ってみても，これらの議論は人文・社会科学における諸理論のネットワークの中で，社会のあり方と交差しつつ形成されてきていることが分かるだろう。

3　the social as tourism

人文・社会科学は，1960年代から1980年代にかけて「言語論的転回」を，1980年代から2000年代にかけて構造主義，ポスト構造主義の影響を受けたカルチュラル・スタディーズを軸に「文化論的転回」を経てきた。これらの転回を経て，私たちの社会的現実がさまざまな言説を通じて構築されており，記号的に構成され解釈されるものだと見なされるとともに，記号性の背後に存する政治的な折衝＝交渉の場としての「表象の戦場」をとらえていくようになったのである。とくに人類学，社会学，地理学の領域では，国内外ともに，その傾向は顕著で

あった。観光研究においても例外ではなく，真正性研究に顕著にみてとれるように，これらの影響を濃厚に受けてきたのである。

だが現在，これら「言語論的転回」や「文化論的転回」の議論をすすめて，さらに徹底した問いかけがその後なされるようになっている。以下では，これらのうち，「モビリティ」に対する問いかけを紹介しよう。[13]

(1)「モビリティ」をめぐる問い

現代社会はますます「モバイル」な特徴を有するにいたっており，私たちはそれに伴って「モバイルな生」を生きつつある。このことについて，A. エリオットとJ. アーリは次のように述べる。

「人びとは今日ほぼ間違いなく，以前にはあり得なかったほど『移動』し続けている。社会の大きな変化——グローバリゼーション，モバイル・テクノロジー，徹底的な消費主義，気候変動など——は，人，モノ，資本，観念が世界中をますます移動するようになってきたことと関連している。今日，人びとは一年間でのべ230億キロ旅しているとされ，もし資源の使用に抑制がかからなければ，2050年までには，人びとが旅するのは1060億キロにまで達すると予測されている。旅行や観光は世界の一大産業となっており，年間7兆ドルもの利益をもたらしている。飛行機について言えば，国際便の数はほぼ10億である。今や人びとは，より遠くへ，より早く，（そして少なくとも）より頻繁に旅するようになっているのだ。自分で望んで旅をしている人も多くいるが，そうせざるを得ないという人もいる。亡命者，難民，強制移民もまた激増している。これに加え，コミュニケーション手段やヴァーチャルの領域でもモビリティが急速に拡大しており，自宅電話よりも携帯電話が多くなり，10億人以上のインターネット・ユーザーがいる。モビリティの黄金時代がまさに到来していることは明らかで，それがとてつもない可能性とおそろしいほどのリスクをもたらしている。[14]」

「言語論的転回」がとらえようとしてきた記号のイデオロギー的性質も,「文化論的転回」がとらえようとしてきた記号のイデオロギー性が成立し得る社会的交渉（social negotiation）のあり方も，このことと無関係ではなくなっており，人，モノ，資本，観念，情報等が移動する状況においてこそ，これらが実現されるようになっている。こうした点を強調しながら社会を考察する視点を，アーリは，「モビリティーズ・パラダイム」と呼んでいる。彼が整理する「モビリティーズ・パラダイム」のポイントは，以下のようなものだ。

① 社会関係は，ある一定の場所に固定されて形成されるのではない。それは，「移動（モビリティ）」の中でたえず形成されていく。
② こうした「移動（モビリティ）」は，a）主として仕事や楽しみのための身体性を伴う。それは飛行機や自動車といった輸送手段の発達等を通して，時間を短縮しながら遠くへ移動できる「時間＝空間の再編」から形成される。b）人の移動と同時に，土産物をはじめとしたモノの移動がある。c）観光情報誌やテレビ等といった多様なメディアを用いて，想像的なイメージをつくりだす。d）インターネット等を用いたヴァーチャルな旅行の場合，地理的・社会的な距離を超える。e）電話，ファックス，携帯電話等は，コミュニケーションのための移動を実現する。
③ 身体性を伴う移動は，ジェンダーやエスニシティ等の社会的な問題を内包しており，現代の国家主権や統治のあり方について再考をうながすことになる。
④ 移動には人ばかりではなく，絶えずモノがついてまわる。そのため人だけではなく，モノに関する考察も重要となる。社会関係を，モノや自然から切り離して考察することはできない。それゆえ，人とモノの関係性を意味する「アフォーダンス」を問う必要性が生じる。
⑤ 社会が多様で意味深くなればなるほど，人，モノ，情報，知を循環させる「移動（モビリティ）」が重要なものとして現れてくる。同時に，そうした「移動（モビリティ）」を実現させているのは，道路，駅，空港，

港といった移動しない（動かない）プラットフォームである。

　このように，アーリは「移動」を軸に社会現象を考察していこうとする。人文・社会科学において，現在，このような傾向はさまざまな研究者に見出すことができるようになっているものだと言えよう。A.アパデュライもその一人である。アパデュライは，その著『さまよえる近代』で，ローカル／ナショナル／グローバルが人・モノ・資本・情報等の移動の中で重層的に形成されていくプロセスをとらえようとしている。エスノスケープ，メディアスケープ，テクノスケープ，ファイナンススケープ，イデオスケープといった，彼の著名な「文化フローの5つの次元」の議論も，現代社会を考察するうえでモビリティがますます重要となりつつあるとする議論の文脈で考えられるべきものだろう。

（2）ツーリズム・モビリティ

　「言語論的転回」「文化論的転回」，さらにはそれをふまえた「モビリティ」に対する問いかけは，人文・社会科学がとらえようとしてきた「社会的なもの（the social）」の位相が大きく変容してきたがゆえのものである。これまでの学的な視点によっては「社会的なもの」の位相を充分にとらえることができなくなってきたがゆえに，人文・社会科学における転回がはかられるようになったものだと言える。

　アーリは「社会的なもの」の在処が，これまでの「社会（society）」から，「モビリティ（mobility）」へ変化しつつあると主張し，「the social as mobility」という概念を提唱する。アーリのこうした主張については，もちろん，より丁寧な検討を加えていく必要があるが，あえてアーリのひそみに倣うとするならば，現在「社会的なもの」は，「モビリティ」を超えて，「観光（tourism）」においてこそ明白に現れるようになっていると考えられないだろうか。

　現代社会は，社会における人，モノ，情報，知がたえず移動する世界を現出させた。こうした移動は，現在，観光や旅を抜きに考えることができない。国土交通省が編集する『観光白書　平成27年版』によると，世界各国が受け入れた

外国人旅行者の総数は，2010（平成22）年の9億5,000万人から，2012（平成24）年には10億3,500万人と増加しており，はじめて10億人を突破した。日本人の海外旅行者数に限ってみても，2010（平成22）年で1,664万人，2011（平成23）年で1,699万人，2012（平成24）年で1,849万人，2013（平成25）年で1,747万人，2014（平成26）年で1,690万人と毎年1,500万人程度の日本人が海外に渡航している。アメリカ同時多発テロ事件，SARSの流行，東日本大震災など，さまざまな出来事に影響され旅行者数が減少する場合もあるが，それでもなお世界各地で数億人の人びとが外国へ旅行していることには変わりない。「モビリティ」の側面において言えば，J. ボロックが「余暇移民（レジャー・マイグレーション [leisure migration]）」と名づけた観光客の存在を大量に生み出し続けているのである。「モビリティ」を考察するうえで，観光は不可欠なのである。これについて，M. シェラーとJ. アーリは「ツーリズム・モビリティ」という概念を提示している。彼らは次のように言う。

　「私たちが『ツーリズム・モビリティ』について言及するのは，明白なこと（観光がモビリティの一形態であること）を単に述べるためだけではない。そうではなく，さまざまなモビリティが観光を形づくり，観光がパフォームされる場所を形成し，観光地をつくったり破壊したりするといったことに焦点を当てるためなのである。人やモノ，飛行機やスーツケース，植物や動物，イメージやブランド，データシステムやサテライト，これらの移動すべてが観光という行為へと結びつく。」

観光は，人の移動ばかりではなく，土産物やスーツケースをはじめとするモノの移動も含んでいる。また，人びとは観光情報誌やウェブ，スマートフォン等といったメディアを用いて，情報やデータを検索し，観光地に関する多くのイメージをもって観光へ出かける。それゆえ，情報，データ，イメージの移動も生じている。さらに観光地においてさまざまなモノや事柄を見聞きしたり経験したりすることによって，記憶を形成し，思い出へと変えていく（記憶，ある

いは思い出の移動)。他に観光は，旅行代理店，航空産業等の交通業者，ホテル等の宿泊業者をはじめとする諸産業と結びついて成立しているがゆえに，当然のことながらカネの移動を伴う。観光は，社会のあり方や文化のあり方を深部から大きく揺るがせるようなモビリティとなっているのである。[22]

4　人文・社会科学の「観光論的転回」へ

　以上のように「社会的なもの」は，「観光」という現象に明白に現れるようになっていると考えられる。観光においてこそ，「社会的なもの」の位相の変容を顕著にみてとることができるようになっているのである。だとすれば，人文・社会科学は「社会的なもの」の位相を明確にとらえていくために，観光論的な視点を積極的に内在化させ，これによってみずからの革新をはかっていくべきではないだろうか。

　ただし，こう主張するからといって誤解しないでもらいたい。たしかに筆者は，「社会的なもの」が「観光」においてこそ明白に現れるようになっていること，そして，そのため人文・社会科学は観光論的な視点を積極的に内在化させていくべきことを主張している。観光学はそこにこそ存在意義があると考えている。しかしながら，このことは，「すべての人文・社会科学は観光学という一つのディシプリンに集約されるべき」という意味ではまったくない。むしろ，逆である。

　哲学，社会学，地理学，人類学，民俗学，歴史学，文学，経済学，経営学等といった，すべての人文・社会科学が観光論的な視点を積極的に内在化していくことで，各ディシプリンを革新し，現在以上に混淆的・雑種的（ハイブリッド）で豊かな多様性を開花させていくこと，筆者の主張はこれである。その際，観光学は静的・定常的なディシプリンとしてではなく，まさに諸ディシプリンが革新され続ける運動の中にのみ実現されるような動的・生成的なディシプリンとして確立されていくべきだと考えている。絶え間なく生成する現在進行形の「運動」の中にあるという意味で，観光学は，それ自体，モバイルで旅する「観

序　章　人文・社会科学における「観光論的転回」

光的なディシプリン」なのである。観光学は，そのことに向け挑戦することが期待されているのではないか。

注
(1) 大賀祐樹『リチャード・ローティ 1931-2007——リベラル・アイロニストの思想』藤原書店，2009年。
(2) バルト，R.／下澤和義訳『現代社会の神話』みすず書房，2005年。
(3) 固有名で言えば，C. レヴィ＝ストロース，L. アルチュセール，R. バルト，M. フーコー，J. デリダたちを挙げることができる。もちろん，ほかにも多くの人びと，たとえば A. グラムシからの影響も考慮すべきである。
(4) 観光研究による真正性の議論で問うているのは，あるモノ（コト）が「本当のところ」真正か否かではなく（「本当のところ」という言説で表されているものそれ自体が構築されていると考えるのであって），多様なエージェント間の交渉の中で，あるモノ（コト）を「真正」だと呈示しているコンテクストやプロセスである。D. マキァーネル，E. M. ブルーナー，さらには E. コーエン，N. ワン，国内では橋本和也，須藤廣，遠藤英樹等による「真正性」研究は，すべて，ここに焦点を当てている。このことを前提にして「観光の真正性」研究は一層の精緻化がはかられ，観光研究で最先端の議論の一つに今もなお位置づけられている。たとえば，以下のような多くの文献を挙げることができる。
　・Belhassen, Y., Caton, K., & Stewart, W. P.: The search for authenticity in the pilgrim experience, *Annals of Tourism Research* 35-3, 2008, pp. 668-689.
　・Cohen, E., & Cohen, S. A.: Authentication: Hot and cool, *Annals of Tourism Research* 39-3, 2012, pp. 2177-2202.
　・Rickly-Boyd, J. M.: Authenticity and aura for tourism studies: A Benjaminian approach to tourism experience, *Annals of Tourism Research* 39-1, 2012, pp. 269-289.
(5) 以下の議論は，以下の著書における第 1 章を下敷きにしている。須藤廣・遠藤英樹『観光社会学——ツーリズム研究の冒険的試み』明石書店，2005年。
(6) ブーアスティン，D. J.／星野郁美・後藤和彦訳『幻影の時代——マスコミが製造する現実』創元社，1964年，119頁。
(7) マキァーネル，D.／安村克己・遠藤英樹他訳『ザ・ツーリスト——高度近代社会の構造分析』学文社，2012年，125頁。
(8) 「演出された真正性」以外にも，マキァーネルは観光から近代社会批判を行った研究者であり，そうしたもっと広い文脈からマキァーネル研究を展開していく必要がある

と筆者は考えている。

⑼　ブルーナー，E. M.／遠藤英樹訳「ツーリズム，創造性，オーセンティシティ」『奈良県立大学研究季報』13-3，2002年，16頁。

⑽　ブルーナー，E. M.／安村克己・遠藤英樹他訳『観光と文化――旅の民族誌』学文社，2007年，241-242頁。

⑾　アバークロンビー，N. 他／丸山哲央監訳・編集『新しい世紀の社会学中辞典』ミネルヴァ書房，1996年，237-239頁。

⑿　ブーアスティン，D. J.／星野郁美・後藤和彦訳『幻影の時代――マスコミが製造する現実』創元社，1964年，91頁。

⒀　これ以外にも，「マテリアリティ」に対する問いかけ等も重要である。「マテリアル・ターン」と言われるこれらの問いかけについては，以下の文献を参照のこと。

・森正人「言葉と物――英語圏人文地理学における文化論的転回以降の展開」『人文地理』61-1，2009年，1-22頁。

・森正人「変わりゆく文化・人間概念と人文地理学」中俣均編『空間の文化地理』朝倉書店，2011年，113-140頁。

⒁　Elliott, A., & Urry, J. : *Mobile lives*, Routledge, 2010, p. ix.

⒂　Urry, J. : *Mobilities*, Polity Press, 2007, pp. 44-60.

⒃　アパデュライ，A.／門田健一訳『さまよえる近代』平凡社，2004年。

⒄　Urry, J. : Mobile sociology, *British Journal of Sociology*, 51-1, 2000, pp. 185-201.

⒅　たとえばアーリのように「社会（society）」と「モビリティ（mobility）」を対比的にとらえることが適切なのかについては，よく考えていく必要がある。かつて近代の成立とともに，人文・社会科学は「社会的なもの（the social）」の位相を把握しようと「社会（society）の発見」にいたった。その中で「社会学」は，ディシプリンとして制度化されていく（佐藤俊樹『社会学の方法――その歴史と構造』ミネルヴァ書房，2011年を参照）。この「社会」が内包するもの，すなわち「社会のコノテーション」がいまや「モビリティ」を含みこんで，新しいダイナミックな胎動をみせ始めているのではないだろうか。そうだとすれば，「社会」と「モビリティ」を対比的にとらえるのではなく，密接に絡み合う関係性の中でとらえていくべきであろう。このことも含め，アーリの批判的検討を今後さらに精緻に行っていく必要がある。

⒆　国土交通省観光庁『観光白書 平成27年版』日経印刷，2015年。

⒇　Böröcz, J. : *Leisure migration : A sociological study on tourism*, Pergamon Press, 1996.

(21)　Sheller, M., & Urry, J. : *Tourism mobilities : Places to play, places in play*, Routledge, 2004, p. 1.

(22)　Hannam, K., & Knox, D. : *Understanding tourism : A critical introduction*, Sage, 2010.

(23) 観光学においても再帰的なかたちで「観光論的転回」がもたらされるのだとすれば，それはいかなるものとなるのか。哲学，社会学，地理学，人類学，民俗学，歴史学，文学，経済学，経営学等の諸ディシプリンが観光論的な視点を積極的に内在化させ，革新していく「運動体」として観光学というディシプリンを確立していくこと，すなわち観光学を諸ディシプリンのボーダーを越えていく「生成運動そのもの」とすること——，まさに，それこそが，観光学の「観光論的転回」となっていくであろう。

第Ⅰ部　ツーリズム・モビリティと文化

第1章 モビリティ時代におけるポピュラーカルチャーと観光の相互接続
――観光的磁場に惹かれるポピュラーカルチャー

1 ポピュラーカルチャーの政治的無意識

　私たちは映画やテレビドラマを見てその登場人物にあこがれたり，ポップミュージックを聴いて心躍らせたりしながら，ポピュラーカルチャーに日常的に接し，これらを楽しんでいる。このことは通常，あまり意識されることはない。まるで空気のように，当たり前にポピュラーカルチャーに浸りながら生きているのではないだろうか。

　だが，よく考えてみれば，こうした文化現象はそれ自体，社会から離れたところで独立して存在するのでは決してない。映画も，テレビドラマも，ポップミュージックも，すべての文化現象が必ず何らかのかたちで「社会的なもの（the social）」とつながっている。

　私たちはポピュラーカルチャーを通して，なかば無意識のうちに「社会的なもの」に深く影響を受けているのである。このことをアメリカの文芸批評家であるF.ジェイムソンは，その著『政治的無意識――社会的象徴行為としての物語』において「政治的無意識（political unconsiousness）」と呼んでいる[1]。

　ジェイムソンによれば，一見まったく政治的にみえないような文学作品でさえ，それだけで自足して存在している「記号の戯れ」では決してない。彼にとって文学作品はつねに，「社会的なもの」が刻印されたものなのだ。文学のうちに無意識に表現されている「社会的なもの」は，人びとを抑圧するものであると同時に，人びとを未来へと誘うものでもある。彼は，文学の中の「政治的無意識」を明るみに出し，歴史の中へと解放していくことが文学を考察するうえで重要だと考えたのである。ポピュラーカルチャーにおいても，これら「政治

的無意識」を明らかにすることが重要となる。

　とくに近年，ポピュラーカルチャーは観光と深く結びつくようになっており，そのことを通じて，人，モノ，資本，情報，知などがモバイルなものとなったグローバル社会における「政治的無意識」を映し出すようになっている。本章の目的は，これを考察することにあるが，その前にまず，これまで行われてきたさまざまなタイプのポピュラーカルチャー研究を分類・整理してみよう。

2　これまでのポピュラーカルチャー研究

(1) ポピュラーカルチャーの「表象」論

　これは，ポピュラーカルチャーのコンテンツが，社会的に，いかなるものを表象（representation）しようとしているのかを明らかにする研究である。たとえばポピュラーカルチャーの一領域であるファッションを記号論的な視点から分析するのも，この研究に含まれるだろう。記号論は，スイスの言語学者であるF.ソシュールによって提唱されたものである。

　ポピュラーカルチャーのコンテンツを記号論からとらえる場合，「デノテーション（顕示）」と「コノテーション（共示）」という言葉が非常に有効である。たとえばポピュラーカルチャーの一領域であるファッションにも，やはり「デノテーション」と「コノテーション」がある。ファッションとしての軍服を考えてみよう。

　「デノテーション」としては，軍服というファッションは「軍隊で着用する制服」を意味するが，軍服はそれにとどまるものではない。表の意味である「デノテーション」と共に，「右翼」という裏の意味（「コノテーション」）もある。街中で軍服を着るということは，そうした社会的な意味を身にまとうことでもあるはずだ。

　「デノテーション」「コノテーション」でみてとれるのは，もちろん軍服だけではない。振袖というファッションは，「未婚女性が儀礼的な場面等で着用する正装の和服」を「デノテーション」としてもつが，それ以外に「女性の華や

かさ」を裏の意味＝「コノテーション」としてもっている。このように，私たちはファッションの記号性をうまく使いこなしつねに何かを社会に表現しながら暮らしている。

　だが，よく考えてみると，ファッションの記号性とは，社会的につくりあげられたものである。別の国や文化圏に行けば，軍服＝「右翼」，振袖＝「女性の華やかさ」という「コノテーション」はおろか，「デノテーション」でさえ通用しない場合もある。そうしたことを忘れ，ファッションの有する記号性を当たり前で自然なものに思わせてしまうこと，それが「神話作用」というはたらきである。文化は，こうした「神話作用」とともにある。哲学者・思想家のR.バルトもそのことを強調し，文化のイデオロギー性を明るみに出そうとしている。[4]

（2）ポピュラーカルチャーにおける「表象と社会との関係」論

　これは，ポピュラーカルチャーにおける表象と社会との結びつきを明らかにしようとする研究である。カルチュラル・スタディーズの流れなどは，その代表的なものであろう。[5] カルチュラル・スタディーズは，最初，主にイギリスのバーミンガム大学の現代文化研究センター（BCCCS）の研究者たちによって牽引された。とくにS.ホールが所長に就任して以降，現代文化研究センターはP.ギルロイをはじめとする多くの研究者を輩出し，文化研究のあり方を新たなレベルへおしあげ，多くの業績を残していく。

　もちろん上述の，ポピュラーカルチャーの「表象」論も，コンテンツに内在している文化のイデオロギー性を明るみに出そうとしており，社会的イデオロギーとポピュラーカルチャーの関係性を明らかにしようとする。だがカルチュラル・スタディーズの場合，その成果をふまえつつも，さらに一歩先へすすめる。そこでは，ポピュラーカルチャーの背後に，民族・人種・セクシュアリティ等をめぐってさまざまな社会的不平等，差別，排除が存在していることが強調される。

　たとえばポピュラーミュージックは，民族や人種と深いかかわりをもっている。ジャマイカで発展してきたレゲエという音楽ジャンルは，南の島の陽気な

音楽というイメージがつきまとっているが，アフリカ系の人びとがもつ民族や人種の問題をぬきに考えられない音楽である。レゲエ・ミュージシャンにはラスタファリアニズム（Rastafarianism）という宗教思想運動を展開している者がいるが，これはジャマイカに奴隷として連れてこられた人びとの子孫が祖先の地であるアフリカにいつか必ず帰ることを呼びかける宗教思想運動である（この宗教思想には身体に刃物を当ててはならないという教義があり，髪の毛も切ってはならないとされている。長くなった髪の毛は編み込まれたりする。レゲエのドレッドヘアーはそこに由来する）。レゲエの神様と言われるボブ・マーリィも，ラスタファリアニズムのリーダーの一人だった。レゲエは，西洋的な音階を取り入れつつも，民族や人種との関連性の中で，1970年代から1980年代にかけて次第にかたちをととのえるようになった音楽ジャンルの一つなのである。カルチュラル・スタディーズは，ポピュラーカルチャーのこうした側面に注目し，文化が多様な立場の人びとによる折衝＝交渉のもとで社会と結びつきながら形成されていくプロセスを明らかにしようとする。[6]

（3）ポピュラーカルチャーの「メディア」論

　これは，ポピュラーカルチャーが成立しているメディアの特徴を明らかにする研究である。これについては，日本のポピュラーソングの歌詞から考えると分かりやすいかもしれない。

　コブクロという日本の音楽デュオに，『コイン』という遠距離恋愛を歌った曲がある。その曲の始まりの歌詞が「自販機でコーヒーを買ったおつりは／君と僕をつなぐ魔法のコイン／狭い電話ボックスの中ヒュルリラ／冬の隙間風が啼いてる／一番高価な500円玉も／この時ばかりは役立たず／10円玉の方がずっと偉いんだ／10秒間ずつ君に会える」というものである。他方，RADWIMPSというバンドが歌う『携帯電話』という曲には，「今日も携帯電話を／ポッケに入れて歩くけど／待てど暮らせど／あの人からの連絡はなくて／まるで寂しさをポッケに／入れて歩いているような／そんなこんな僕です」（JASRAC 出1614671－601）という歌詞がある。

おなじ恋愛模様を歌った曲でも，通貨の少額コインを横に積み会話する公衆電話ボックスの風景と，携帯電話をポケットに入れて連絡を待っている風景では，恋の情景も違って見える。いったい，この違いは，どこからもたらされたものなのだろうか？　それは，公衆電話と携帯電話というメディアの差異であろう。公衆電話のときと携帯電話のとき，恋人たちがどちらのメディアを用いるかによって，恋の情景も異なって見えるのだ。公衆電話も携帯電話も，単なる機械なのではなく，恋愛模様さえも変えてしまう力をもったメディアなのである。

そのことを M.マクルーハンは，その著『人間拡張の原理――メディアの理解』において「メディアはメッセージである」という言葉で言い表そうとしている。メディアについて考えようとする場合，ふつうであれば，そのメディアを用いて表現しようとしているコンテンツのことを思い浮かべる。その背景となるメディアそのものには，あまり目を向けようとはしない。携帯電話のことを考える場合にも，通話のコンテンツ（内容）は意識するが，そのコンテンツを発信する土台そのもの，メディアそのものは意識しない。しかしながら，携帯電話というメディアそのものもまた，恋の情景，風景，雰囲気を形成するコンテンツ＝メッセージとなっているのである。「メディア」論は，このようなメディアの特質に目を向け，ポピュラーカルチャーを分析する。

3　ポピュラーカルチャーにおけるソフト・パワーと観光

(1) ポピュラーカルチャーにおけるソフト・パワー

以上，これまでのポピュラーカルチャー研究のタイプをいくつかみてきた。たしかに，これらはいずれにしても，ポピュラーカルチャー研究において非常に重要な視点を提供してくれている。だが現代社会では，ポピュラーカルチャーの表象やメディア的特質に注目する，こういった研究だけではなく，ポピュラーカルチャーにおけるソフト・パワーに注目した研究が次第に重要性を増しつつある。

第1章 モビリティ時代におけるポピュラーカルチャーと観光の相互接続

「ソフト・パワー」とは，アメリカの政治学者 J. ナイが提唱した概念である。彼は力（パワー）を「自分が望む結果になるように他人の行動を変える能力」と定義し，ある国が自分たちが望む結果になるよう他国に対して影響を及ぼしうる力（パワー）を「ハード・パワー」と「ソフト・パワー」に分けている。

「ハード・パワー」とは，簡単にいえば，軍事力や経済力のことである。ある国は，強大な軍事力で威嚇することによって他国を従わせることもできるし，豊かな財力で経済支援を行い，他国を従わせることもできる。こうした「飴とむち」の原理，「強制と報酬」の原理にもとづくような力（パワー）を，ナイは「ハード・パワー」と呼ぶ。

これに対し「ソフト・パワー」とは「強制と報酬」の原理にもとづくものではなく，"おのずと"他国が影響を受けてしまうような力（パワー）のことである。ハード・パワーがその国の「軍事力」「経済力」をいうのに対し，ソフト・パワーはその国の「魅力」のことを意味していると言えよう。ナイは，ソフト・パワーの源泉として政治的な価値観，外交政策，文化の3つを挙げている。

ここでいう文化とは，「高級／大衆」という区分にかかわりなく，映画，クラシック音楽，ポピュラーミュージック，絵画，彫刻など，多種多様な領域を含みこんだものである。しかも，それだけにとどまらず，教育や研究などの学術的知識，CM などのメディア情報，マクドナルドやコーラなどの商品も文化と考えることができる。こうした文化を通して，国の価値観が広く他国に行きわたるようになれば，その国のソフト・パワーは強まる。

たとえば『ドラえもん』をはじめ，『ポケットモンスター（ポケモン）』『美少女戦士セーラームーン』『NARUTO』『るろうに剣心』などといった日本のアニメ作品は，これらの企画・制作・流通を担う産業のもとで，欧米諸国，中東諸国，アジア諸国などで広く知られるようになっている。こうした人気を背景に，アメリカではアニメ・エキスポが1992年から毎年開催されたり，フランスではBDエキスポが開催されたりしている。その結果，アニメという日本のポピュラーカルチャーを通して，日本に興味をもち，日本に魅力を感じるようになる人びとが少なからず生まれている。そのため外務省も，アニメによって生みだ

される「ソフト・パワー」に着目し，さまざまなパブリック・ディプロマシー（public diplomacy）戦略を展開し始めているのである。[11]

（2）ポピュラーカルチャーに誘発される観光

　近年このようなポピュラーカルチャーにおけるソフト・パワーを用いて，観光客を誘致し，観光を創出しようとする試みが数多く行われている。

　これについては，日本の「アニメ聖地巡礼」という例を考えてみてもよい。「アニメ聖地巡礼」とは，アニメが舞台としている場所を，ファンたちが見つけ訪れるというものだ。これを広めるきっかけとなったのが，『らき☆すた』というアニメである。このアニメは埼玉県の鷲宮を舞台とした作品で，主人公の少女は，この場所の神社の神主の娘という設定なのだが，このアニメを見た多くの人たちは，ここを一目見ようと，この場所を訪れるようになった。[12]

　それ以降，「アニメ聖地巡礼」は，現在，日本中のいたるところで見られる現象となった。音楽バンドを結成した女子校生たちの日常を描く『けいおん！』というアニメでは舞台が滋賀県や京都府のまちであったり，『涼宮ハルヒの憂鬱』というアニメでは舞台が兵庫県西宮市であったり，『ガールズ＆パンツァー』というアニメでは舞台が茨城県大洗町であったりと，それらのアニメのファンたちが，舞台となっている場所を見に行こうとするようになっている。ほかにもバスケットボールに熱中する高校生たちのすがたを描いた『スラムダンク』では，鎌倉市七里ガ浜の江ノ電「鎌倉高校前」駅や鎌倉高校が舞台となっており，国内だけではなく，中国や台湾からも観光客が数多く訪れている。

　また映画，テレビドラマ，マンガなども，観光を誘発するものとして重要視されるようになっている。「嵐」という日本のアイドル・グループのメンバーたちが出演したテレビドラマ『花より男子』では，主人公の男性がヒロインをはじめてデートに誘うシーンがある。その際デートの待ち合わせ場所としてロケ地につかわれたのが，東京にある恵比寿ガーデンプレイスである（図1-1）。このドラマを好きだった人びとの中には，主人公たちが待ち合わせをした場所を見て，登場人物たちと同じ行動をしようと観光にやってくる者が少なからず

第1章　モビリティ時代におけるポピュラーカルチャーと観光の相互接続

図1-1　恵比寿ガーデンプレイス
出所：筆者撮影（2009.09.17）

いる。恵比寿ガーデンプレイスは，それほど他の場所と大きく変わったところがあるわけではないが，それが「見るべき場所」となっているのは，ここが『花より男子』というテレビドラマのロケ地になったからである。[13]

　マンガも同様である。高校生たちの成長と恋愛模様を描いた，日本の少女マンガである『君に届け』という作品の舞台となっているのは北海道札幌市だが，『君に届け』の愛読者の中には，この作品にでてくる札幌市手稲区にあるプラネタリム「サッポロ・スターライト・ドーム」などを見にいこうとする人びとがいる（図1-2）。そのプラネタリウムの中には防寒用のブランケットが置かれており，マンガの主人公もそのブランケットを使う場面が描かれている。そのため，観光客の中にはそれを観光対象としてわざわざ写真におさめようとする者までいる。たとえブランケットのようなどこにでもあるモノでも，それがポピュラーカルチャーのソフト・パワーによって「観光客のまなざし（tourist gaze）」[14]を向けられるようになると，魅力的な観光対象すなわちアトラクション

図1-2　サッポロ・スターライト・ドーム
出所：筆者撮影（2011.01.31）

となる。現在，このような観光のあり方がさまざまに展開されているのである。[15]

4　ポピュラーカルチャー研究の「観光論的転回」

（1）ポピュラーカルチャーの観光性

　しかしながら，観光が一方的にポピュラーカルチャーに誘発されるだけではない。逆に，観光がポピュラーカルチャーを活性化し（activate），変容をうながし（change），新たなものへと再創造する（renovate）場合もある。
　これについては，ヴァーチャルアイドルたちのコンサートを例に挙げて考えてみよう。ヴァーチャルアイドルたちは，コンピュータによって合成された音声を用いたりして楽曲を歌う。彼らはどこにも存在していない「虚構」の存在であり，コンサートにおいては彼らのアニメの動画が投影され，その動画が歌っているかのように合成された音声が流されるに過ぎない。にもかかわらず，

コンサートにおいては，非常に多くのファンたちが，歌っているかのように造られたアニメの動画に向かって熱い声援を送るのである。

　この現象を解明するには，楽曲のコンテンツについて記号論的に分析し，そのイデオロギー性を剔出しても，コンテンツが成立する社会的交渉を明らかにしても十分ではないだろう。また，そのメディア的な特質やソフト・パワーを考察するだけでも十分ではない。そういった視点だけでは，なぜファンたちが「虚構」のアイドルのコンサートを見るために，わざわざコンサート会場まで出向くのかは決して説明できないのである。もし，アイドルたちが歌っているすがたを見たいというだけなら，そもそもそのアイドルたちは日本の動画共有サイト「ニコニコ動画」等における「虚構」の存在なのだから，自宅のパソコンで閲覧するだけでもよいはずである。

　だがファンたちは，それだけで満足しない。彼らは，わざわざコンサート会場にまで移動するのである。それは，ファンたちが楽曲やアニメキャラクターを楽しむと同時に，皆で声援を送ることによって形成される「ノリの共有」を実感しようとしているからではないか。コンサート会場をめざして集まる「身体的な移動」を通して，「ノリの共有」という「社会的コミュニケーション形式（a form of social communication）」を獲得することが，ここでは大きな意味をもっている。(16)

　ヴァーチャル・アイドルというポピュラーカルチャーの一現象を考える場合，こうした側面に注目する必要があるだろう。「ノリの共有」という「社会的コミュニケーション形式」を獲得せしめる「身体的な移動」，これはまさに，観光を特徴づけている要素である。

　コミックマーケットも同様だ。これは，1975年に始まったマンガ同人誌の即売会イベントである。通常は夏と冬に年に2回，東京国際展示場（東京ビックサイト）で開催され，同人誌の即売以外にも，コスプレイヤーたちによるコスプレも行われる。始まった当初は参加者数が700人ほどであったが，現在では50万人を超える参加者を集めるイベントとなっている。(17) こうしたコミックマーケットは現在，マンガやアニメ等のポピュラーカルチャーにおいてなくてはなら

図1-3　キャセイ・パシフィック社のスタッフたちによるフラッシュモブの風景
出所：http://www.scmp.com/news/hong-kong/article/1378356/airline-staffs-airport-flash-mob-springs-seasonal-surprise（2016.08.26アクセス）

ないものであるが，この事例もまた「観光的な身体的移動を伴う遊び」において成立しており，同じ趣味どうしの人間で一緒に盛り上がるという「社会的コミュニケーション形式」がマンガやアニメというポピュラーカルチャーのあり方に大きな影響を及ぼす事例となっている。

さらには，「フラッシュモブ」も，同じ場所に集まることで「ノリの共有」という「社会的コミュニケーション形式」をもたらすものである。これは，ウェブ上などで呼びかけあった人びとが同じ場所に集まり，突然ダンスや演奏を行い，終了すると解散するというもので，最初は「2003年6月から9月にかけて，…（中略）…ニューヨーク在住の雑誌編集者，ビル・ワジク（Bill Wasik）の主催する『プロジェクト』というかたちでニューヨークの各所で繰り広げられた一連のパフォーマンス・イベントを指すための名称として独自に考案された」[18]。現在では，たとえば日本で，マイケル・ジャクソンの「Beat It」やミュージカル「レ・ミゼラブル」を皆で踊るといった「フラッシュモブ」が行われ，観光的な要素が不可欠な文化現象となっている（図1-3）。

（2）境界が融解する2つの想像力

　以上みてきたようなポピュラーカルチャーのあり方は，とりもなおさず，「文化的想像力（cultural imagination）」の変容にもつながっていくものであろう。「文化的想像力」とは，映画，テレビドラマ，マンガ，アニメ，音楽，ウェブ文化，アートをはじめとする文化的コンテンツによって喚起される人びとの欲望・希望・夢を意味する。こうした「文化的想像力」は，身体的な移動による遊びによって喚起される人びとの欲望・希望・夢，すなわち「観光的想像力（touristic imagination）」に近接するようになっているのではないか。

　アートの領域を例に挙げて考えてみよう。1970年代以降，アートでは，額縁の中におさまるのではなく，それどころか美術館の外部にさえ出ていこうとする試みが行われるようになった。パフォーマンス・イベントアートと言われるものも，その一つである。プロジェクション・マッピングはその手法であり，ビル，駅，学校をはじめとする建物，クルマなどをスクリーンに見立て，ときに音楽やサウンドを効果的に挿入しながらビデオプロジェクターで映像を投影することでアート作品を創りあげていくというものである。

　これについては，2012（平成24）年9月22日・23日に東京駅舎で行われたプロジェクション・マッピング「TOKYO STATION VISION」が有名であろう。これは，東京駅丸の内駅舎保存・復原工事の完成を記念するイベントとして実施されたものである。このプロジェクション・マッピングの様子を一目見ようと，わずか二日間で予想をはるかに上回る人びとが集まった。このことはまさに，アートが観光的なあり方の中で実現されていることを意味しているのではないか。

　2014（平成26）年3月14日から23日にかけて行われた，知恩院三門をスクリーンに見立てたプロジェクション・マッピングもそうである。この場合は，「京都・東山花灯路」の一環で実施されており，その出発点から観光的なイベントとして企画されている。「京都・東山花灯路」とは，京都における観光まちづくりイベントの一つである。清水寺，円山公園，八坂神社，青蓮院といった京都東山界隈を，燈籠の灯りを模したLED電球でともしながら，早春の古都の夜

第Ⅰ部　ツーリズム・モビリティと文化

を幻想的な雰囲気で彩り，比較的観光客数の少なくなる冬の季節に，「観光事業の創出」をはかり，さらに多くの訪問客を集めることが目的の一つに設定されている。このように，プロジェクション・マッピングというアートの手法が観光的なものに重なり合うようになるにつれて，アートによって喚起されている「文化的想像力」は，身体的な移動による遊びによって喚起される「観光的想像力」に近接するようになる。

いや「近接する」というより，今や，「文化的想像力」と「観光的想像力」という2つの想像力は，その区分を消失し，融解しつつあるという方が正確かもしれない。「文化的想像力」は，「観光的想像力」のかたちをとりながら人びとのもとに送り届けられるようになっている。逆に言えば，観光によって喚起される「観光的想像力」は，ポピュラーカルチャーの力を借りながら誘発され，「文化的想像力」と重なり合いながら実現されているのである。このことから，ポピュラーカルチャー研究には，今後ますます，観光研究の成果を組み込んだ「観光論的転回」がもとめられるようになっていると言えるだろう。

（3）文化産業における空間への着目

これについては，「ポケモンGO」というゲームのことを考えてもよい。このゲームは，米ナイアンティック社が任天堂などと協力して開発・運営しているスマートフォン向けのゲームアプリの名称である（図1-4）。GPS機能を活用し，いろいろな場所に隠れているポケモン・キャラクターを見つけ，モンスターボールというアイテムを使ってポケモンを捕まえるというものである。また「ポケストップ」と言われる特定の場所に行くと，ゲームを有利に進めるためのアイテムが手に入ったりもする。

このゲームの新しさは，ポピュラーカルチャーの一形態であるゲームが現実の空間と入り混じるようになったという点にある。ポケモンを捕まえるときに，スマートフォンにはその場所のリアルな風景が映し出されるのだが，それに重なり合うようにポケモンが出てくる。このゲームをするには，ポケモンが隠れている場所にまで移動しなくてはいけないのである。

第1章　モビリティ時代におけるポピュラーカルチャーと観光の相互接続

そのため最近では、「ポケモンGO」を活用して、その場所に来てもらい、観光地の活性化をはかろうとする事例も増え始めている。たとえば、東日本大震災や熊本地震で被災した地域ではナイアンティック社と共同で、「ポケモンGO」を用いて被災地の観光振興を行うと発表している。また鳥取県も、県内各地に「ポケストップ」をつくるなどして観光に活かそうとしている。

だが、「ポケモンGO」による観光活性化には、さまざまな問題があることを忘れてはならない。たとえば、そのゲームをする人がその場所に移動するのは、ポケモンや、ゲームのアイテムが手に入りやすいからである。彼らがその場所に移動するのは、自分たちが行きたいと望んでのことではなく、たまたまゲームでポイントが稼げるからなのだ。そのため、場所そのものに、何の思い出も愛着もわかないということも少なくない。

図1-4　Pokemon GOの画面
出所：筆者撮影（2016.12.06）

「ポケモンGO」において自分たちがどの場所に移動するのか——それを決めるのは自分たち自身ではなくゲームであるのだとすれば、自分たちが望んで行きたいと思う「主体的な空間」が失われていると言うことができよう。ゲームをする人びとは、「主体的に空間を移動する」のではなく、ゲームのプログラミングによって「空間へと駆り出されている」のだ。

ポピュラーカルチャーにおけるコンテンツを提供する文化産業が、これまで注目してきたのは、〈空間〉の移動ではなく、〈時間〉の消費であった。文化産業はでき得る限り魅惑的なコンテンツを生み出すことで、そのコンテンツ自体を商品として購入するだけではなく、それらの背後にあるスポンサーが提供する商品を購入するよう、人びとを誘惑してきた[21]。そのため、ゲーム、映画、ア

33

ニメ，マンガ，音楽，これらの文化的なアイテムは，できる限り長い時間，人びとがこれらに接し，そのメッセージに意識を傾けることができるよう腐心してきた。文化産業のもとで，人びとはメディア・コンテンツに多くの時間を奪われ，メディアやその背後にある産業群が要請する欲望をもつように促されてきたのだと，石田は指摘する。このことをふまえ，B. スティグレールは「象徴的貧困」という用語を用い，「文化産業が生み出す大量の画一化した情報やイメージに包囲されてしまった人間が，貧しい判断力や想像力しか手にできなくなること」の危険性を述べていたのである。

しかしながら現在，「ポケモンGO」において端的に垣間見えるように，文化産業は，社会がグローバル化するとともに，ますます大きな力をもつようになり，〈時間〉だけではなく，〈空間〉にも着目し欲望を創出しようとし始めている。メディアによる文化産業が，観光産業も含めたモビリティをめぐる産業群と重なり合い相互に接続しながら，〈空間〉と絡めながら〈時間〉を簒奪し，そのことによって同時に，〈時間〉と絡めながら〈空間〉を簒奪することがさまざまな場面で展開されるようになっているのだ。このようなあり方は，人，モノ，資本，情報，知等がモバイルなものとなったグローバル社会における「社会的なもの」の特徴の一つであると言えよう。

5　グローバルな力学のもとにあるポピュラーカルチャーと観光

観光が一方的にポピュラーカルチャーに誘発されるだけではなく，観光もまたポピュラーカルチャーを活性化し（activate），変容をうながし（change），新たなものへと再創造する（renovate）。観光によって喚起される「観光的想像力」はポピュラーカルチャーの力を借りながら誘発され，「文化的想像力」は観光と強く結びつきながら人びとのもとに送り届けられるようになっている。ポピュラーカルチャーと観光がこのように相互接続するようになったのは，現代社会における「社会的なもの」のあり方が大きく変化し始めたからである。

現代社会は，社会における人，モノ，情報，知がたえず移動する世界を現出

させた。世界中で，多くのビジネスマンたちが空を飛びまわって仕事をしており，多くの移民たちが生まれた国をあとにする。多くの留学生たちが他国で勉強し，日本のサッカー選手や野球選手などのスポーツ選手も，アメリカ，イタリア，ドイツなどの国へと移動してプレイしている。2010年における国際移住機関（IOM）の報告によると，海外移住人口は，2009年には2億1,400万人となっている。さらに2050年までに，その数は4億500万人に達すると予測している。[26] このことをふまえて，J.アーリは，「モビリティとしての社会的なもの（the social as mobilitiy）」という言葉を用いながら，現代社会では，人びとの移動，すなわち「モビリティ」が，「社会的なもの」のあり方を大きく規定するようになり始めたのだと主張する。[27]

　ポピュラーカルチャーも，観光も，こうした「モビリティ」の力学（dynamism）のもとで相互に接続し合うようになっていると言えよう。A.アパデュライのタームを用いるならば，それは，「メディアスケープ」と「エスノスケープ」の重層性とパラフレーズすることも可能だろう。彼はグローバル社会の「現れ方（appearances）」として，「エスノスケープ」「テクノスケープ」「ファイナンススケープ」「メディアスケープ」「イデオスケープ」という5つの次元を挙げる。[28]

　まず「エスノスケープ」とは，観光客をはじめ，外国人労働者，移民，難民など，人の移動からみえてくるグローバル社会の現れ方である。次に「テクノスケープ」とは，機械技術的なものであれ，情報技術的なものであれ，テクノロジーが多様な境界を越えて移動している事態を指している。また「ファイナンススケープ」とは，グローバル資本が国境を越えて移動し続けている事態を指す。さらに「メディアスケープ」とは，新聞，テレビ，ウェブ等のメディアを通じてポピュラーカルチャーをはじめ，さまざまなイメージや表象の移動によってみえてくるグローバル社会の現れ方を意味している。最後に「イデオスケープ」は，イメージの中でもとくにイデオロギー的な価値観や世界観が国境を越えモバイルなものとなることで揺らいでいく事態を指している。

　アパデュライによれば，これら5つの次元は，それぞれが独立した動きをみせ乖離的でありながら，重層的に結びついていくのだとされる。「メディアス

第Ⅰ部　ツーリズム・モビリティと文化

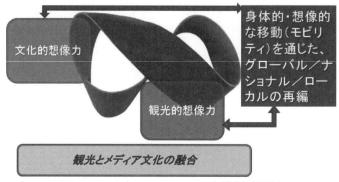

図1-5　ポピュラーカルチャーと観光の関係性
出所：筆者作成

ケープ」を構成するポピュラーカルチャーも,「エスノスケープ」を構成する主要な要素である観光と深く接続し合い，そのことを通じてグローバル社会における「政治的無意識」を映し出すようになっているのである。まさに，そうであるからこそ，ポピュラーカルチャーの「政治的無意識」，ポピュラーカルチャーによって喚起される人びとの欲望・希望・夢（文化的想像力）における「無意識の社会性」を明らかにするためには，観光的磁場に否応なく引き寄せられ，惹かれ，とらわれてしまうポピュラーカルチャーのすがたを考察していく必要があるのだ。これからの文化研究や観光研究では，ポピュラーカルチャーと観光がグローバルな複雑性（global complexity）[29]のもとで，メビウスの輪のごとく相互に接続し合うプロセスをとらえ，そのことを通じてローカル／ナショナル／グローバルが再編されていく「社会的なもの」の現在的形態を明らかにしていくべきなのである（図1-5）。

注
(1) ジェイムソン，F.／大橋洋一・木村茂雄・太田耕人訳『政治的無意識——社会的象徴行為としての物語』平凡社，2010年。
(2) 遠藤英樹『現代文化論——社会理論で読み解くポップカルチャー』ミネルヴァ書房，2011年。
(3) ストリナチ，D.／渡辺潤・伊藤明己訳『ポピュラー文化論を学ぶ人のために』世界思

想社，2003年。
(4) バルト，R./下澤和義訳『現代社会の神話』みすず書房，2005年。
(5) ターナー，G./溝上由紀他訳『カルチュラルスタディーズ入門——理論と英国での発展』作品社，1999年。
(6) ギルロイ，P./上野俊哉・毛利嘉孝・鈴木慎一郎訳『ブラック・アトランティック——近代性と二重意識』月曜社，2006年。
(7) マクルーハン，M./後藤和彦・高儀進訳『人間拡張の原理——メディアの理解』竹内書店新社，1967年，服部桂『メディアの予言者——マクルーハン再発見』廣正堂出版，2001年。
(8) ナイ，J./山岡洋一訳『ソフト・パワー——21世紀国際政治を制する見えざる力』日本経済新聞社，2004年，21頁。
(9) ポピュラーカルチャーはあくまでソフト・パワーの源泉であって，ソフト・パワーそのものではない。ナイも，このことに注意を促している。
(10) BDとは「bande dessinee（バンド・デシネ）」の略であり，マンガ（とくにフランス語圏を中心とするマンガ）のことを意味する。
(11) 渡辺靖『文化と外交——パブリック・ディプロマシーの時代』中央公論新社，2011年。
(12) 岡本健『情報社会における旅行者の特徴に関する観光社会学的研究』北海道大学大学院国際広報メディア・観光学院博士学位論文，2012年。
(13) S.ビートンは，これらの観光を「Film induced tourism」と呼ぶ（Beeton, S.: *Film-Induced Tourism*, Channel View Publications, 2005.）。
(14) アーリ，J.&ラーセン，J./加太宏邦訳『観光のまなざし 増補改訂版』法政大学出版局，2014年。
(15) D.マキァーネルの術語を用いて言うならば，ある場所やモノ（すなわちサイト）は，メディアなどによって記号というマーカーの力を借り「観光者のまなざし（tourist gaze）」が向けられてはじめて観光対象（アトラクション）になる。その意味で，観光とは記号の産物なのである（マキァーネル，D./安村克己他訳『ザ・ツーリスト——高度近代社会の構造分析』学文社，2012年）。
(16) いわゆる「オフ会」もその一つの現れであろう。また，ディズニー映画『アナと雪の女王』の主題歌である「Let It Go」をみんなで歌うというイベントも，同じ場所に「身体的な移動」をすることで，「ノリの共有」という「社会的コミュニケーション形式（a form of social communication）」をもたらすものと言える。
(17) 霜月たかなか『コミックマーケット創世記』朝日新聞出版，2008年。
(18) 伊藤昌亮『フラッシュモブズ——儀礼と運動の交わるところ』NTT出版，2011年，12頁。
(19) もちろん黒瀬が疑問を呈しているように，「文化的想像力」と「観光的想像力」の境

界が融解しつつある状況をただ素朴（ナイーブ）に称揚するというのは適切ではない。むしろ、そうした融解がもたらすものを冷静に抉りだしていくことが重要であろう。鈴木が述べようとしているのも、そうしたことであると思われるし、本章が主張したいのもまたそれである（黒瀬陽平『情報社会の情念——クリエイティブの条件を問う』NHK出版、2013年、148-151頁、鈴木謙介『ウェブ社会のゆくえ——〈多孔化〉した現実のなかで』NHK出版、2013年、183-194頁）。

(20) このような技術を、AR技術という。ARとは「Augmented Reality」の略語であり、人が知覚する現実環境をコンピュータにより拡張する技術を指す。日本語では、「拡張現実」とも訳されるものである。「ポケモンGO」に限らず、この技術を用いて観光を誘発させようとする取り組みがあちらこちらで進められている。観光客はスマートフォンを通して見た風景上に、店舗情報やメニューなどを映しだす他に、観光案内もできるようになっている。「ポケモンGO」も、そうしたAR技術を活用して開発されたゲームなのである。

(21) ホルクハイマー、M.&アドルノ、T.W.／徳永恂訳『啓蒙の弁証法——哲学的断章』岩波書店、2007年。

(22) 石田英敬『自分と未来のつくり方——情報産業社会を生きる』岩波書店、2010年、石田英敬『現代思想の教科書——世界を考える知の地平15章』筑摩書房、2010年。

(23) スティグレール、B.／ガブリエル・メランベルジェ他訳『象徴の貧困——ハイパーインダストリアル時代』新評論、2006年。

(24) 石田英敬『大人のためのメディア論講義』筑摩書房、2016年、232頁。

(25) それでは、「ポケモンGO」は観光にとってマイナスばかりかと言うと、決して、そういうわけではない。そこには、これまでにないような大きな可能性も宿っている。このゲームをすることで、はじめてその場所を訪れ、その魅力に気づけたという人も次第に増えつつあることからも、そのことが分かるだろう。「ポケモンGO」には大きな課題と可能性が同時に存在するのだ。

(26) 国際移住機関「WORLD MIGRATION REPORT 2010」（http://publications.iom.int/bookstore/free/WMR_2010_ENGLISH.pdf、2016年8月25日閲覧）

(27) Urry, J.: Mobile sociology, *British Journal of Sociology*, 51-1, 2000, pp. 185-201.

(28) アパデュライ、A.／門田健一訳『さまよえる近代』平凡社、2004年、第2章。

(29) アーリ、J.／吉原直樹監訳『グローバルな複雑性』法政大学出版局、2014年。

第2章　東京ディズニーリゾートの想像力
——モバイルな現代社会のあり方を映し出す場所

1　東京ディズニーリゾートという観光地

　1955年7月17日，世界ではじめてのディズニーランドがアメリカのロサンゼルス郊外に開園した。アナハイム・ディズニーランドである。その時にウォルト・ディズニーが行った演説はあまりにも有名だ。

>　「この幸せあふれる場所においでくださった方々，ようこそ。ディズニーランドは，あなたの楽園です。ここで年老いた方々は，かつての懐かしき思い出にひたることができるでしょう。…（中略）…若い方々はここで，未来へと続く挑戦や約束を味わうことができます。ディズニーランドはアメリカをつくりあげてきた理想，夢，つらかった現実にささげられるものです。世界中の悦びとインスピレーションの源泉となることを期待しながら。」(1)

　これは，ディズニーのアニメ映画などで描写されるアメリカの夢や理想が，ディズニーランドというかたちで三次元化された記念すべき瞬間の演説である。その後，フロリダのウォルト・ディズニー・ワールド・リゾート（1971年開園），東京ディズニーリゾート（1983年開園），ディズニーランド・パリ（1992年開園），香港ディズニーランド（2005年開園），上海ディズニーランド（2016年開園）へと拡がり，ディズニーはアメリカの価値観・世界観を全世界に発信し続けることになる。ディズニーランドは，勇気，努力，正義感，家族愛，公平さなどを強調するアメリカの価値観・世界観をグローバルに広報するソフト・パワー(2)，あ

第Ⅰ部　ツーリズム・モビリティと文化

図 2-1　JR 舞浜駅の風景
出所：筆者撮影（2010.03.26）

るいは L. アルチュセールの言う「国家のイデオロギー諸装置」(3)の一つとして機能してきたのである。

　東京ディズニーランドが開園する以前の浦安市は閑静であるものの、スーパーマーケットさえほとんどないような住宅地（さらにその前は小さな漁村）だったが、今はその面影もない。(4)ディズニーランドが開園するとともに、JR 京葉線の開通と相まって都市開発が加速し、近辺にはショッピングモールやホテル、レストラン等、多くの施設がいっせいに建てられていった。

　現在は東京ディズニーランドに加え、2000（平成12）年7月7日にイクスピアリ、2001（平成13）年9月4日に東京ディズニーシーが開業し、ホテルも一層林立するようになり、「東京ディズニーリゾート」として、より大きな複合リゾート施設へと発展し始めている。こうして浦安市はディズニーリゾートを中心に成立する「テーマパーク化する都市」となっていったのだ。

2 「シミュレーション」の世界

　このような東京ディズニーリゾートという場所には，モバイルな現代社会のあり方を象徴的に映し出している論点が数多く存在している。
　「シミュレーション」も，そうした論点を表す言葉の一つであろう[5]。これは，フランスの社会学者，思想家，哲学者であるJ.ボードリヤールが呈示した概念だ[6]。彼はまず，オリジナル（本物）に対するコピー（偽物）のあり方を「シミュラークル」として総称し，ルネサンス以降のヨーロッパ社会を事例にとってシミュラークルの段階を3つに分けている[7]。

① 模　　造

　「模造」は，ルネサンスから産業革命の時代までのシミュラークルである。この時代には，安価に模造できる漆喰という素材をとりいれたりすることで，封建的な身分秩序や宗教的な秩序が厳格であった時代にはあり得なかった，衣服や調度品，宗教的な絵画や彫刻の模造品が出現し始める。

② 生　　産

　しかしながら「模造」の時代は，なおも手工業的な複製の時代である。それが，産業革命をへて資本主義社会に突入するようになると，機械制大工業が始まり，大量の複製品が「生産」され世に送り出されるようになる。W.ベンヤミンは，こうした状況を「オリジナルの消滅」＝「アウラ（オーラ）の消滅」と呼んでいる[8]。

③ シミュレーション

　それでも機械制大工業による「生産」の時代には，やはり，どこかに「オリジナル」や「本物」といった基準点が存在していたと言えよう。だが1970年代後半から1980年代にかけて，私たちが生きる社会はグローバルかつモバイルなものになっていった。それとともに，社会はメディアに大きく依存するものになっていく。今や私たちはメディアをぬきに思考することなど不可能となり，メディアを単なる道具として，それを操っているというよりも，私たち自身が

メディア環境の住人となっている。そうした時代,「オリジナル」や「本物」といった基準点も次第に失われ,すべてはメディアの中で複製された情報の中の出来事となっていく。たとえば,メディアによって創られたヴァーチャルな世界とリアルな世界を画然と分けることなど,現在,あまり意味がなくなっているのではないだろうか。

　このように,すべてがメディアと密着した世界の内側にあってオリジナルなきコピーとなった状況のことを,ボードリヤールは「シミュレーション」と呼んでいる。東京ディズニーリゾートは,こうした「シミュレーション」を色濃く反映した世界なのである。

　東京ディズニーリゾートに行って「ミッキーマウスなど,どこにも存在しない!」と叫んでみても,何の意味もありはしない。観光客は,ディズニーリゾートの世界すべてが現実のものではないファンタジーの領域にあることを承知していて,そのことを楽しんでいる。園内では,ミッキーマウスやミニーマウス,スティッチたちが歩いて手をふってくれるが,彼らがどこかある地域に生息していて「本当に」存在しているのだなどとは誰も考えてはいない。彼らはあくまで,メディアで描かれた夢の存在である。東京ディズニーランドの「シンデレラ城」も,「アドベンチャーランド」や「ウエスタンランド」をはじめとするテーマパークも,これらは,もともと,ディズニーのアニメ映画などで描かれた二次元の世界,ファンタジーの世界を三次元化したものである。

　東京ディズニーシーもそうだ。ここは,海にまつわる物語や伝説をテーマにして,7つの寄港地をテーマポートにした場所だが,ディズニーシーのシンボルとも言える「プロメテウス火山」も,「ミステリアス・アイランド」や「アメリカン・ウォーターフロント」等のテーマポートも,すべてはファンタジーの世界にしか存在しない場所である。

　観光客はそうしたファンタジーの世界を,"あえて「本物」と見なしている"のであって,「本物/偽物」「オリジナル/複製」という区別に何の興味ももってはいない。彼らがミッキーマウスからではなく,ミッキーマウスの着ぐるみ

を着たキャストから，サインをもらって喜ぶことができるのはそうした理由からである。[10]

3 「シミュレーション」論を超えて

　東京ディズニーリゾートはたしかに，ファンタジーに彩られた「シミュレーション」の世界を形成している。しかしながら，この場所は，単にメディアによって形成された「シミュレーション」であるというだけにはとどまらない要素を数多くもっている。ディズニーリゾートには，この場所のファンタジー性を支えるための仕掛けが，ファンタジーの世界，「シミュレーション」の世界の背後にあって，蜘蛛の糸のようにさまざまなかたちで縦横にはりめぐらされている。[11]このことも同時に，見過ごすことはできないだろう。

　たとえば東京ディズニーランドでは，周りの道路や鉄道，住宅などが見えないように盛り土をされ木が植えられ（これは「バウム」と言われる），訪問者が日常の世界に引き戻されないでファンタジーの世界だけに浸れるようにされている。また，人びとがあちらこちらから入ってくることが絶対にできないように，入口はエントランス・ゲートの一箇所のみにとどめられている。園内に入る時には必ずここを通らなくてはならないようにされ，日常世界との接点が必要最小限に抑えられているのだ。

　「ワールドバザール」エリアには，建物の大きさについてもある仕掛けがある。そこでは遠近法による錯覚を用い実際よりも通りを長く見えるように，中に入っていけばいくほどに建物が小さく造られている。さらに「シンデレラ城」が必ず通りの真正面には見えるように配置され，それを目指して遠近法の錯覚で長く見える通りを歩きながら，訪問者たちは，少しずつ日常の世界を離脱しファンタジーの世界へと没入していくことができるようになっているのである。

　それぞれのテーマパークの空間配置についても，工夫がなされている。ルイ・マランという哲学者はその著『ユートピア的なもの』において，ディズニーのテーマパークにおける空間の意味を図2-2のようにまとめている。[12]

第Ⅰ部　ツーリズム・モビリティと文化

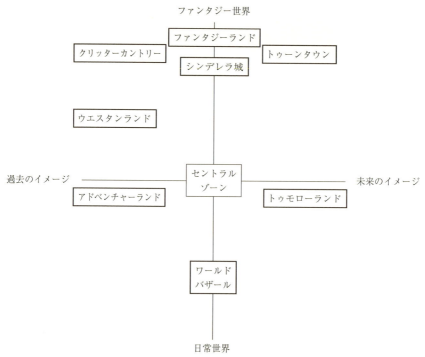

図2-2　ディズニーのテーマパークにおける空間の意味
出所：マラン（1995：353）を基に修正

　この図2-2を見れば分かるように，ディズニーのテーマパークは，日常世界の接点であるエントランス・ゲートから中に入り，シンデレラ城に近づくにつれて，日常性からファンタジー性へと変化している。エントランス・ゲート附近のワールドバザールでは，お土産物を購入したり，レストランに入ったりして，お金を使う機会も多く，まだ日常世界の彩りが残っているが，そうしたショップも，セントラル・ゾーンを超えたあたりから少なくなり，ファンタジー性が強まっていく。また，シンデレラ城に向かってセントラル・ゾーンを左側に行くと「アドベンチャーランド」「ウエスタンランド」等の「過去」をイメージさせるテーマパークが，右側に行くと「トゥモローランド」等の「未来」をイメージさせるテーマパークが配置されている。このように「日常世界－ファ

ンタジー世界」「過去のイメージ－未来のイメージ」という二つの軸をクロスさせながら，ディズニーのテーマパークが造られており，その空間に意味を付与しているのだとマランは言う。

その他，ディズニーリゾートの仕掛けについて考える場合，「テーマ化」「ハイブリッド消費」「マーチャンダイジング」「パフォーマティブ労働」という4つを挙げることもできるだろう。これは，A.ブライマン『ディズニー化する社会――文化・消費・労働とグローバリゼーション(13)』において指摘されているものである。(14)

① テーマ化

これは，テーマパークを何らかの統一的な物語（ナラティブ）で染め上げていくことを意味している。個々のテーマパークには，固有の統一的な物語がある。たとえば「ウエスタンランド」の場合は，アメリカ西部開拓時代の雰囲気を伝える物語だ。これを形成するのは，「ビッグサンダー・マウンテン（暴走鉱山列車）」をはじめとするアトラクション，「キャスト」と呼ばれるスタッフの服装，赤い岩やサボテンなどを模した置物，カントリー＆ウエスタンの音楽といった仕掛けである。それらが一体となって，「ウエスタンランド」の物語が形成されているのだ。しかし各パークにそれぞれの物語があるからと言って，物語がディズニーランドの中で，お互い相殺し合いバラバラにあるわけでは決してない。各テーマすべての物語は，ファンタジーあふれるディズニー世界という一層「大きな物語」を構成するよう結びつけられている。(15)そのために，類似した物語をもつパーク（「ウエスタンランド」の場合には「アドベンチャーランド」や「クリッターカントリー」）はより近くに，類似していない物語をもつパーク（「ウエスタンランド」の場合には「トゥモローランド」）はより遠くに配置し，訪問客がディズニーランド全体に整合的なイメージを感じとれるような工夫をしている。

② ハイブリッド消費

ホテルに宿泊すること，レストランで食事すること，モールでショッピングを楽しむこと，映画を観ること，アトラクションに乗ること，これらは本来それぞれ独立した消費形態である。それらの消費形態を一つひとつ別々の日に経

験することは充分にあり得ることで、ショッピングだけに一日を費やす場合も、映画を観るだけで帰宅する場合もあるだろう。だがディズニーリゾートの場合、こうした消費形態をバラバラにして提供するのではなく、すべてを結びつけながら提供している。テーマパークのすぐ隣にホテルが建てられ、ホテルで宿泊したあとすぐにアトラクションで楽しむことができるし、ディズニーリゾートの敷地内にある「イクスピアリ」という施設にはショッピングモール、レストラン、シネマコンプレックス（複合型映画館）があって、そこで人びとは買い物をしたり食事をしたり映画を観たりすることができる。もちろんディズニーランドやディズニーシーの中も、食事を楽しむためのレストラン、ディズニーグッズを購入するためのショップがある。そこで売られている商品も、衣類、音楽CD、映像DVD、クッキーやチョコレートといった菓子類、ぬいぐるみ、文具など多種多様である。ディズニーリゾートでは、さまざまな消費形態や商品をハイブリッド（混淆的）にして訪問客たちに提供することで、ほかの場所に行かなくても満足できるようにしている。

③　マーチャンダイジング

「マーチャンダイジング」とは、著作権のある商品や、商標登録しているロゴ・イメージ・キャラクターをつけた商品を販売促進することを指す。たとえ平凡なチョコレートであっても、そこにミッキーマウスをイメージさせるデザインの型をつけることで、価格が高くても売り上げはのびるであろう。また知らないキャラクターのぬいぐるみよりも、ドナルド・ダックのぬいぐるみの方がよく売れたりする。その商品が売れるようになるばかりではない。他の商品も同時に売れるようになるという、商品同士の相乗（シナジー）効果が生まれることもある。あるキャラクターの商品が売れると、そのキャラクターに関連する衣類、本、DVDなど別の商品も売れるようになったりするのである。「マーチャンダイジング」は「ハイブリッド消費」と緊密に結びつきつつ、いたるところで、訪問客からディズニーリゾートへと利潤を吸い上げていくシステムをつくりあげている。

④　パフォーマティブ労働

ディズニーリゾートの仕掛けは、スタッフたちの仕事のあり方にも見出すことができる。「労働」は日常世界を思い起こさせるものであるため、ディズニーリゾートのスタッフたちは、そこで働いている時決して「労働」していることを感じさせないようにする。スタッフたちは「夢の国」「ファンタジーの世界」にふさわしく、いつも笑顔で仕事をする。アトラクションに乗ろうと訪問客が並んでいる時にも、「こんにちは！ 楽しんでいますか？」とスタッフが楽しげに語りかけてくるが、それもまるでテーマパーク内のショー・パフォーマンスの一部であるかのようだ。ディズニーリゾートのスタッフたちが「配役」を意味する「キャスト」と呼ばれているのは、そのためである。彼らは、魔法の国の舞台でパフォーマンスをする配役の一人なのである。「パフォーマティブ労働」とは、このように、まるでショー・パフォーマンスのように楽しげに行われる仕事のあり方を意味している。ディズニーリゾートでは、「カストーディアル」と呼ばれる清掃従業員の格好をしたエンターテイナーが掃除するふりをしながら、コミカルな仕草をしてゲストを笑わせたりするが、これも清掃という労働をまるで一つのパフォーマンスのように見せる工夫なのである。

4 「リアル／ファンタジー」「自由／管理（コントロール）」のメビウスの輪

このようにみてくれば、東京ディズニーリゾートのファンタジー性はリアルな仕掛けにつねに支えられていることが分かる。「シミュレーション」は、必ず実在的でリアルな部分を介在させているのである。ただし、ここで注意しておきたいのだが、本章は「リアルなもの」と「シミュレーション」を分け、「リアルなもの」の方を重視すべきだと述べたいのではない。

そうではなく本章が主張したいのは、次のことである。すなわちディズニーリゾートにおいて象徴的なかたちでみられるように、モバイル時代における「シミュレーション」＝ファンタジー性は、「リアルなもの」とメビウスの輪のように絡み合いながら実現されているということ（逆から言えば「リアルなもの」がありのまま剥き出しのかたちにおいてではなく、「シミュレーション」＝ファンタジー

性と絡み合いながら実現されているということ），したがって「シミュレーション」をとらえようとする時には，その背後にあるリアルな仕掛けをつねにとらえていく必要があるということ，これである。[17]

　ディズニーリゾートを訪れる観光客自身も，そのことをよくわきまえている。彼らは，ファンタジーを額面通りに受けとっているわけでは決してないし，そこにリアルな仕掛けが存在していることも分かっている。ディズニーリゾートも一つの企業体である以上，利潤を吸い上げるシステムがあることも，スタッフがパフォーマティブに振る舞っているのは仕事としてであることも当然のことだと心得ている。

　ただし，彼らにとって，ディズニーリゾートという場所が，リアルな仕掛けに支えられた「シミュレーション」＝ファンタジーであるというのは，付随的なことに過ぎない。訪問客らにとって大切なことは，自分たちがその空間をいかに自由に楽しく遊ぶかということでしかない。

　「制服ディズニー」と呼ばれる遊び方もその一つのあらわれであると言える。制服ディズニーとは，大学生たちや会社員たちが高校時代の制服を着て，ディズニーリゾートに行くことを言う（その場合，個人よりも，友だち同士，大学のイベント・サークル，カップルなどグループで行くことが多い）。制服ディズニーを実践する人びとは，ディズニーリゾートを舞台に，一種のコスプレを楽しみ高校生になりきって遊ぶのである。

　とはいえ，訪問客が空間の遊び方を創出することも，ディズニーリゾート側は既に折込済である。[18] 観光客がまったく予期・許容できないような遊び方を始めてしまった場合には，ディズニーリゾートはそのような遊びを即刻中止させるだろう。その意味で，観光客が空間を遊んで楽しんでいる時に感じている「自由」とは，ディズニーの「コントロール」下にあるものである。さらに言えば，予期・許容できる範囲であれば遊び方を自由にしてもらった方が，管理（コントロール）をすみずみまで根本的（ラディカル）に行き渡らせることができるのだ。

　ディズニーリゾートにおいては，「自由」と「管理（コントロール）」の関係も，「リアル」と「シミュレーション」の関係と同じくメビウスの輪のように絡まり

合っており,「自由としての管理(コントロール)」あるいは「管理(コントロール)としての自由」とでも言うべきあり方を現出させているのである。モバイルな現代社会の「リアルとシミュレーション」「自由と管理(コントロール)」の関係は,まさにディズニーリゾートにおけるものと同じ位相にあると言えるのである。

5　モノが歩く——アクター・ネットワーク理論の視点から

　東京ディズニーリゾートの考察において,モバイル時代における「メディアと空間」のあり方を象徴的に映し出していると思われる点は他にもさまざまにある。たとえば,それはダッフィーやシェリーメイについてである。

　ダッフィーとは,東京ディズニーシーで売られているグッズとして近年非常に高い人気を誇るテディベアのぬいぐるみだ。テディベアのぬいぐるみは以前から,アナハイムのディズニーランドなどで「ディズニーベア」という名前で売られていたが,「ダッフィー」という名称で売られるようになったのは,2005(平成17)年,東京ディズニーシーからのことである。その際,"ミッキーが長い航海に出る前に寂しくないようにとミニーが贈った男の子のテディベアで,ダッフルバッグに入れてプレゼントされたため「ダッフィー」と命名された"というオリジナルの設定を付加している。

　シェリーメイも,ディズニーシーで売られている,女の子のテディベアのぬいぐるみである。こちらはミニーマウスがダッフィーの友だちとしてつくったという設定で,2010(平成22)年のバレンタイン・ホワイトデーイベント期間にはじめて登場している。当初はイベント期間限定で発売されることになっていたが,爆発的に売れるようになり期間を限定せず提供されるようになった。

　ダッフィーやシェリーメイにおいて非常に興味深いのは,それらがまるで"生きている"かのように訪問客たちが接している点である。ディズニーシーのグッズストアには,ダッフィーやシェリーメイのぬいぐるみを購入しに来た訪問客たちで溢れかえっているが,そこで彼らは,たくさんあるぬいぐるみの中で

第Ⅰ部　ツーリズム・モビリティと文化

「"この子"が可愛い！」「"この子"が，私を"呼んでいる"！」「"この子"，あんまり私と"合わない"」と口々に言い合いながら，ぬいぐるみを選ぶ。

　もちろんたしかに，ぬいぐるみといえども，縫製の仕方で少しずつ，かたちや顔つきが違っていたりする。だがここで注目すべきはそのことではなく，ぬいぐるみを「この子」と表現したり，「私を呼んでいる」という言葉を口にしたりしていることである。訪問客たちは，まるでダッフィーやシェリーメイが彼らに対して働きかけを行っているエージェント（行為者）であるかのように，それらぬいぐるみに対して接している。

　それだけではない。彼らはダッフィーやシェリーメイのぬいぐるみを抱えたり，自分の鞄にくくりつけたりしながらディズニーシーの空間を歩く。そのとき，彼らは「"この子"と一緒に歩くと楽しい」と言う。彼らは，ダッフィーやシェリーメイと一緒に歩いているという感覚を有しているのだ。その意味では，訪問者という人だけが，この場所を歩いているのではなく，ダッフィーやシェリーメイと名づけられている，テディベアのぬいぐるみというモノもまた一緒に歩いているのである。

　B. ラトゥールはアクター・ネットワーク理論を提唱し，モノが客体ではなく，エージェンシー（行為者性）を帯びた主体であり，人とモノ，社会と自然が相互に関わり合っていることを主張した。[20]

　これについて分かりやすい事例として，ラトゥール自身が次のような逸話を紹介している。ホテルのルームキーを持ちかえってしまう顧客があとを絶たないことに業を煮やしたホテルの支配人がいた。鍵をわたすときに「フロントに返却してください」と，口頭で注意したり，そのことを書いた札をつけたりしたものの，うまくいかない。そこで支配人は，キーチェーンをつけることにした。キーチェーンをつけてポケットに入れていると，顧客はポケットが気になってしまい，フロントに戻すようになったという逸話である。ここで見てとれることは，ルームキーを返すという行為を引き起こしたのは，顧客たち自身ではなく，キーチェーンというモノであるということである。[21]

　ラトゥールによれば，近代においてモノ（あるいは自然）は，人（あるいは社

会)から切り離されて、人が働きかける単なる対象＝客体とされてきた（ラトゥールはこれを「純化」と呼ぶ）。しかし実は、その背後で、人（社会）とモノ（自然）は深く絡まり合いながら、相互に、「主体」として、すなわち「行為者（エージェント）」としてネットワークで結びつけられてきたのだという（ラトゥールはこれを「翻訳」と呼ぶ）。グローバルなモバイル社会をとらえていくためには、ヒトと移動体（飛行機、自動車、鉄道などのモノ）との関係性、人と移動中の携帯端末（スマートフォン、携帯電話、ノートPC、iPodなどのモノ）との関係性をはじめとする、人（社会）とモノ（自然）の多様なネットワークをとらえていかなくてはならないのである。たとえば私たちは移動している旅行中に、多くの写真をのこすが、近年ではスマートフォンを用いて撮影し、それをInstagramにアップして保存し、遠くにいる友人と共有し、その写真についてLINEでやりとりすることが当たり前になりつつある。したがって撮影する人、一緒にいる人、遠くにいる友人、スマートフォン、Instagram、LINE、関連する企業等のアクター（行為者）によるハイブリッドなネットワークの中で、写真メディアがいかに生成されているのかを考察することが、モバイル時代のメディア文化研究においては重要となるであろう。

　ダッフィーやシェリーメイも、単に人が所有する対象＝客体であることを超えて、エージェンシー（行為者性）を帯びた主体となっているのではないか。ダッフィーやシェリーメイは、訪問者である人、そこで働くキャスト、アニメ制作会社などのメディア、運営企業の組織体などとネットワークを形成しながら、ディズニーシーという空間らしさを形成しているとも考え得る。皆がダッフィーやシェリーメイを身につけ、ぬいぐるみが空間のいたるところで見られるようになり、それがディズニーシーの特色を創りだすようになっている。今やディズニーシーと言えば、ダッフィーやシャリーメイが頭に浮かぶようになっているほどである。まさにそのことによって、「自分たちもぬいぐるみをもって歩こう」と考えて、その場所を訪問する人びとがさらに増えている。このことから、ディズニーシーは、まさに「モノが歩く」空間というかたちで、より多くの訪問客を呼び込むメディア（媒体）にもなっていると考えることができる

だろう。

　以上，①東京ディズニーリゾートはメディアがつくりだす「シミュレーション」であること，②しかし，そこには「シミュレーション」を超えて空間をめぐってリアルな仕掛けがあちらこちらで仕組まれていること，③とはいえ「シミュレーション／リアル」の関係はメビウスの輪のように密接に絡まり合っていること，④最後にダッフィーやシェリーメイというモノは単なる対象＝客体ではなく行為者（エージェント）でもあり，その意味でディズニーシーは「モノが歩く」空間として新たな訪問客を呼び込むメディア（媒体）となっていることを見てきた。

　これらの考察を通して分かるように，ディズニーリゾートという観光地は，私たちに対しモバイルな現代社会のあり方を象徴的に映し出してくれる場所なのである。

注
(1) 筆者の訳文による。なおウォルト・ディズニーが行った演説の原文は，以下の通りである。
　　To all who come to this happy place, welcome. Disneyland is your land. Here age relives fond memories of the past......and here youth may savor the challenge and promise of the future. Disneyland is dedicated to the ideals, the dreams and the hard facts which have created America......with the hope that it will be a source of joy and inspiration to all the world.
(2) 1章の議論を参照のこと。
(3) アルチュセール，L.／西川長夫・伊吹浩一・大中一彌・今野晃・山家歩訳『再生産について（上）（下）』平凡社ライブラリー，2010年。
(4) 奥野一生「明日の授業で使える！　地形図読図17　千葉県浦安市」『地理』51-11, 2006年，70-79頁。
(5) これは，序章で取り上げた「真正性（authenticity）」の議論とも繋がる概念である。
(6) 遠藤英樹『現代文化論——社会理論で読み解くポップカルチャー』ミネルヴァ書房，2011年，128-137頁。

(7) ボードリヤール，J.／今村仁司・塚原史訳『象徴交換と死』筑摩書房，1992年，118-181頁，塚原史『ボードリヤールという生き方』，NTT 出版，2005年，塚原史『ボードリヤール再入門』お茶の水書房，2008年。
(8) ベンヤミン，W.／浅井健二郎編訳・久保哲司訳『ベンヤミン・コレクションⅠ 近代の意味』筑摩書房，1995年，585-640頁。
(9) これは，大澤真幸が述べる「アイロニカルな没入」とも重なる態度であると言える（大澤真幸『不可能性の時代』岩波書店，2008年，94-109頁）。
(10) 安村克己・堀野正人・遠藤英樹・寺岡伸悟編著『よくわかる観光社会学』ミネルヴァ書房，2010年，64-65頁。
(11) 髙木裕宜「ディズニーランドのマネジメント——ポスト・近代的管理と組織への一考察」『経営論集』15-1，2005年，119-129頁。
(12) マラン，L.／梶野吉郎訳『ユートピア的なもの——空間の遊戯』法政大学出版局，1995年，353頁。
(13) ブライマン，A.／野登路雅子監訳・森岡洋二訳『ディズニー化する社会——文化・消費・労働とグローバリゼーション』明石書店，2008年。
(14) A.ブライマンの議論は，G.リッツァの問題意識とも重なっている。リッツァは，ディズニーランドのシステムをマクドナルドのそれに近似するものとして描写する。彼は，マクドナルドのシステムの特徴として，①作業の「効率化」，②地球上のどこでも提供される商品やサービスが同じであるという「予測可能性」，③売上等において徹底して量を重視する「計算可能性」，④人びとを誘導し人びとの流れをつくりだすために実現されている「コントロール可能性」を挙げ，これらの点でマクドナルドとディズニーランドが非常に類似していること，それらの特徴が現代社会のさまざまな領域に拡がり始めていることを指摘し，こうした現象を「マック・ディズニー化」と呼ぶ（Ritzer, G., & Liska, A.: 'McDisneyization' and 'Post-Tourism': Complementary Perspectives on Contemporary Tourism, in Chris Rojek and John Urry eds. :*Touring Culture*, Routlege, 2007, pp. 96-109）。

また，こういった指摘は，J.ハニガンの問題意識とも重なっている（Hannigan, J.: *Fantasy City : Pleasure and Profit in the Postmodern Metropolis*, Routledge, 1998.)。

彼は『ファンタジー・シティ』という著書において，ディズニーランド等のテーマパークを有する都市の特徴を以下のように指摘している。
① テーマ性：都市がある統一したテーマのイメージのもとでつくられていること
② ブランド性：場所がブランド化されていること。つまりその場所のライセンスが入っていることが一つの価値になるようにつくられていること
③ 24時間性：眠らない街となっていること
④ モジュール性：ショッピングモール，レストラン，シネマコンプレックス，ホテ

第Ⅰ部　ツーリズム・モビリティと文化

　　　　　　　　　　ル，さまざまなアトラクション施設などを「構成要素」として都
　　　　　　　　　　市が形成されていること
　　⑤　孤立性：周囲の環境から隔絶していること
　　⑥　ポスト・モダン性：ヴァーチャルな技術を駆使して，現実と仮想の区別をあいま
　　　　　　　　　　いにしていること
　　ただし以上の議論は，ディズニーリゾートの一面をとらえているものの，その側面
にのみ目を向けるだけでは，メディア論や空間論においてディズニーのテーマパーク
がもつ意味を充分に考察したことにはならないと筆者は考えている。

⒂　J.F. リオタールが主張するように，20世紀後半は，自由や平等といった社会をまと
める価値観（大きな物語）が終焉をむかえた時代であった。リオタール，J.F. ／小林康
夫訳『ポスト・モダンの条件』水声社，1986年，を参照のこと。
　　そうした時代に，ディズニーのテーマパークの中では，「ファンタジー溢れる魔法の
国」という「大きな物語」が誕生している。それは，単にテーマパークのイメージづ
くりということにはとどまらない問題をはらんでいたのではないだろうか。それは，
「大きな物語の終焉」という近代のロジックが大きな物語の完全なる"消滅"を意味し
ているわけではないこと，「ファンタジー溢れる魔法の国」というディズニー的な「"無
菌化された"大きな物語」がテーマパークの外部に浸み出し，大きな物語を"再生"
させ，テーマパークにおけるシミュレーション化された「"内部化された"大きな物語」
をテーマパークの外部へと反転させていくことを示唆していたのではないか。つまり
現代社会は，徹底して幻想（ファンタジー，シミュレーション）的であることでリア
ルを貫徹させていく社会なのである。

⒃　それは，「ポスト・フォーディズム」的な労働の完成形の一つなのかもしれない。こ
うした「パフォーマティブ労働」はブライマンの用語であるが，これは，A.R. ホック
シールドの「感情労働」概念を発展させたものである（ホックシールド，A.R. ／石川
准・室伏亜希訳『管理された心――感情が商品になるとき』世界思想社，2000年）。
　　「感情労働」とは，相手（たとえば客）の感情を優先させ自分の感情を抑制（コント
ロール）することが重要となる労働を言う。ホックシールドは，現代社会の仕事のあ
り方が，「肉体労働」や「頭脳労働」的な要素以上に，「感情労働」的な要素が求めら
れるものになっていると主張する。昨今よく話題にされる「おもてなし」「ホスピタリ
ティ」なども，そうした部分の考察を抜きに素朴に賞賛することは危険であろう。

⒄　筆者は基本的に，「リアルがシミュレーションの様相を深めていく」というボードリ
ヤールの主張と同じ立場に立っている。ただし「リアルがシミュレーションの様相を
深めていく」ということは，シミュレーション化とともにリアルなものが"喪失され
る"のではなく，シミュレーション化とともにリアルなものが"実現される"ことを
意味している。この側面をボードリヤールはあまり強調していないように思える。

⒅ 堀野は，ディズニーランド園内でクワガタ虫を探そうと奔走する父親のブログを紹介している（堀野正人「記号としての観光対象に関する一考察［１］」『地域創造学研究』ⅩⅩ〔奈良県立大学研究季報〕第24巻第１号］，2014年，48頁）。この事例は非常に興味深いものであるが，クワガタ虫を探すことでさえ，ディズニーにとってはある程度折り込み済ではないだろうか。
⒆ 大澤真幸『生権力の思想――事件から読み解く現代社会の転換』筑摩書房，2013年。
⒇ ラトゥール，B．／川崎勝・高田紀代志訳『科学が作られているとき――人類学的考察』産業図書，1999年，ラトゥール，B．／川村久美子訳『虚構の「近代」――科学人類学は警告する』新評論，2008年。
(21) Latour, B. : *La clef de Berlin et autres lecons d'un amateur de sciences*, La decouverte, 1993.
(22) 松村圭一郎『ブックガイド基本の30冊　文化人類学』人文書院，2011年，184-190頁，松村圭一郎「所有の近代性――ストラザーンとラトゥール」春日直樹編『現実批判の人類学――新世代のエスノグラフィへ』世界思想社，2011年，54-73頁。
(23) Elliot, A., & Urry, J. : *Mobile Lives*, Routledge, 2010.
(24) Larsen, J., & Sandbye, M. eds. : *Digital Snaps : The New Face of Photography*, I. B. Tauris, 2014.

第Ⅱ部　ツーリズム・モビリティと
　　　　地域アイデンティティとダークネス

第3章 観光における「伝統の転移」
―― 「合わせ鏡」に映る鏡像としての地域アイデンティティ

1 観光と伝統の結びつき

　地域にあっては，これまでに存在していた伝統を利用しながらであれ，地域の新しい伝統行事やイベントが観光との関連で創りだされてくることがある。観光においては，地域における伝統が変容したり，新たな伝統が創造されたりすることがかなり頻繁に見受けられるのだ。しかし，もう少し丁寧にみていくと，「伝統の変容」や「伝統の創造」といった議論だけではとらえられない，興味深い事例もみてとれる。それは，「伝統の転移」とも言うべき現象である。ここでは，こうした現象について考えてみたい。

　以下ではまず，観光における「伝統の変容」と「伝統の創造」について考察し，伝統が客観的な事象ではなく，人びとの意味・欲望・利害関心などが投影され社会的に構築されるものであることを主張する。次に「伝統の転移」といった現象があることを「よさこい祭り」を事例にしつつ述べる。そのうえで，「伝統の転移」が投げかけている問題とは何かを論じ，地域アイデンティティがモバイル化しつつあることを指摘する。

2 観光における「伝統の変容」と「伝統の創造」

　E. ホブズボウムによれば，「伝統の創造」とは「ある時期に考案された行事がいかにも古い伝統に基づくものであると見なされ，それらが儀礼化され，制度化されること」であるとされている[(1)]。ホブズボウムは，「伝統の創造」について，国民国家が形成されるプロセスを問う文脈において議論しているのだが，観光

第3章 観光における「伝統の転移」

図3-1　ケチャダンス
出所：http://find-travel.jp/article/3754（2016.08.18アクセス）

の文脈においても「国民国家の形成」と時に共鳴しつつ，「伝統の創造」の現象が頻繁に見受けられる。

　たとえばバリの伝統舞踏と観光客に見なされているケチャダンスは，よく知られているように，1930年代に画家で音楽家でもあったロシア生まれのドイツ人，W. シュピースたちと共同で観光芸能として創造されたものである（図3-1）。最初はストーリー性をもたず，単純なリズムに合わせて合唱しながら激しい身振りをつけるだけだったが，次第にラーマヤナ物語に結びつけられ，観光用のスペクタクルに仕上げられていった(2)。また私たちが観光において鑑賞しているハワイのフラダンスも，ハワイのイメージにあわせて創られていった伝統であると言われている(3)。

　さらに京都の「大文字五山送り火」は，京都祇園祭りとともに京都の夏を代表する風物詩の一つであるが，現在目にしている「大文字五山送り火」も観光との関連で創造され，変容してきた伝統であると言えるだろう。これは，東山如意ケ嶽の「大文字」，金閣寺大北山（大文字山）の「左大文字」，松ヶ崎西山（万

第Ⅱ部　ツーリズム・モビリティと地域アイデンティティとダークネス

図3-2　2015年なら燈花会ポスター
出所：http://www.toukae.jp/group/archive.html
（2016.08.20アクセス）

灯籠山）および東山（大黒天山）の「妙法」，西賀茂船山の「船形」，嵯峨曼荼羅山の「鳥居形」の送り火をたく行事であるが，こうした送り火は精霊がふたたび冥府にかえるのをお見送りするという宗教的な意味を持つものであった。しかし現在，この行事では，たとえば「大文字コンサート」を開催したり，百貨店が「大文字セール」を行ったりしており，観光イベントとして再創造され再定義されており，その姿をつねに変容させつつある。(4)

奈良市で毎年行われているイベント「なら燈花会」も同様に，創られ変容している伝統である（図3-2）。「なら燈花会」は，奈良市で毎年8月初旬から中旬にかけて行われているもので，夏の夜に奈良の街並みをろうそくの灯りで照らしだすという「光と闇のイベント」である。

このイベントが行われるようになったのは，1999（平成11）年からのことで，奈良商工会議所青年部・奈良県経営者協会青年経営者部会・社団法人奈良青年会議所が中心となって，これまで10年間行ってきた「ならまつり」を中止し，それに変わって，新しい奈良のイベントを創出しようと企画されたものであった。2000（平成12）年には第2回燈花会が行われたが，その際には燈花会を定着させるために，任意団体「なら燈花会の会」が創設されている。その後，2001（平成13）年には環境省の『かおり風景100選』に選出されたり，2003（平成15）年には国土交通省から全国地域づくり団体・国土交通大臣賞を受賞したりしている。そして2016年（平成28年），第18回「なら燈花会」は8月5日から8月14日にかけて開催されている。

ここには，奈良市民や奈良の大学に通う学生たちをはじめ，実に多様な地域の人びとが数多くボランティアとして参加している。その数は「当日サポーター」と言われるボランティアだけで毎日300名程度である。このように地域の人びとが数多く関わることで，イベントを通して，奈良の夏を彩る「伝統」と

して次第に人びとに表象されるようになっている。

　ただしこのイベントにあっては，これまでに存在していた伝統を利用しつつ展開されていることも見逃せないだろう。たとえば，2002（平成14）年には東大寺の大仏開眼1250年を記念し，「なら燈花会 in 東大寺」を開催したりしている。神社や仏閣が近代観光において消費されるようになったのは明治期以降のことで，とくに奈良においては，明治20年代には神社や仏閣が観光対象として観光客のまなざしを受けていた。東大寺をはじめ古くから観光客のまなざしを受けていたものを利用することで，「燈花会」を新しい伝統として地域に根づかせることが可能となっているのである。このことは，2003（平成15）年の「春日若宮御出現一千年祭」において「春日万燈祭」に参加していることからも分かる。「春日万燈祭」は，春日大社の伝統的行事である「万燈籠」に「なら燈花会」を融合させたイベントである。

図3-3　第5回湯涌ぼんぼり祭りポスター
出所：http://hexlab.heteml.jp/yuwaku/2013/bonbori2015/ （2017.02.10アクセス）
ⓒ2012花いろ旅館組合

　また今後の展開によっては，石川県金沢市の湯涌温泉街で行われている「湯涌ぼんぼり祭り」もまた，「伝統の創造」の例として挙げ得るようになるかもしれない（図3-3）。これは，2011（平成23）年4月から9月にかけて放映されたアニメ『花咲くいろは』で描写された祭りをもとに創作されたイベントで，「地域に根ざす伝統行事」となることを目指して行われているものである。数年後，観光客や地域住民によって「伝統」として認識・表象されるようになれば，これは，アニメというポップカルチャーが「伝統の創造」を誘発させるドライブとなる興味深い事例を提供してくれることだろう。

　以上の事例でも分かるように観光の文脈において，伝統は創造され変容していくものであり，その中で人びとに「伝統」として次第に表象されるようになるのだ。したがって，ある伝統行事が地域に本来存在していた本物であるかどうかは，それほど重要なことではない。そうではなく，ある行事が地域に本来

第Ⅱ部　ツーリズム・モビリティと地域アイデンティティとダークネス

図3-4　「第62回よさこい祭り　よさこいガイドマップ」表紙
出所：『第62回よさこい祭りよさこいガイドマップ』

ずっと根ざしてきたものであると人びとが「表象」するようになることが問題なのである。このことについて足立は、岐阜県郡上郡八幡町における「郡上おどり」を事例として取り上げ、この地域の踊りが「昔から地域にある伝統なのだ」というリアリティを人びとが語りを通して構築していくあり方こそが問題であると主張している。伝統とは客観的な事象ではなく、人びとの意味・欲望・利害関心などが投影され、多様な言説によって社会的に構築されるものである。

しかしながら、観光においては現在、もはや「伝統の変容」や「伝統の創造」を指摘するだけでは不十分な事例がみてとれるようになっている。伝統が創造され、変容することを指摘するだけでなく、私たちはもっと先へと議論をすすめていかなくてはならなくなっているのである。それが「伝統の転移」とも呼ぶべき現象である。

3　「伝統の転移」とは何か——「よさこい祭り」を事例に

では「伝統の転移」とは何か。このことを述べていくにあたって、「よさこい祭り」を事例に考えてみたい。

「よさこい祭り」は毎年8月9日（前夜祭）、10日、11日（本番2日）、12日（後夜祭・全国大会）の4日間、高知市内の競演場・演舞場で、山車に華やかな飾り付けをして、鳴子を持った踊り子がおどる土佐のカーニバルである。この祭りは、1954（昭和29）年8月に商店街振興を促すため高知商工会議所が中心となり発足した。その意味では、現在では高知県の伝統行事として地域の人びとにも表象されるようになっている、この祭りも「創られた伝統」であると言える。

1954（昭和29）年の第1回の参加人数は750人、参加団体は21団体であったが、

第3章 観光における「伝統の転移」

図3-5　よさこい祭りの風景①
出所：筆者撮影（2005.08.11）

図3-6　よさこい祭りの風景②
出所：筆者撮影（2006.08.12）

その後，第30回時には踊り子人数1万人を突破するほどの規模となった。それに伴って次第に，音楽，髪型，衣装も派手さを増し，振り付けもサンバ調，ロック調，古典の踊りと工夫を凝らし，多くの観光客を呼ぶ高知県の一大イベントとなっている。こうした点においても，伝統が観光との関連で変容していることがうかがわれるだろう[11]。

だが「よさこい祭り」を分析する際には，「伝統の創造」や「伝統の変容」という概念だけに回収し得ない問題が存在している。「よさこい祭り」にあっては，その伝統行事が本来存在していたはずの場所から離れ，別の場所へと移植されるという「伝統の転移」といった現象がみられるのだ。

たとえば「よさこい祭り」は北海道札幌市に転移することで，「YOSAKOIソーラン祭り」となっている。「YOSAKOIソーラン祭り」は，高知県のよさこい祭りと北海道のソーラン節がミックスされて生まれた祭りであり，これを最初に始めたのは，当時，北海道の大学に通う学生たちであった。学生の一人が高知県で「よさこい祭り」を見て感動し，自分たちの地域にもこうした祭りを創ろうと仲間に呼びかけたのが，始まりとされている[12]。

第1回YOSAKOIソーラン祭りは，1992（平成4）年6月，10チーム1,000人の参加者，20万人の観客に支えられ開催され，2016（平成28）年第25回YOSAKOIソーラン祭りでは280チーム，2万8,000人が参加し，観客動員数は約205万4,000人を数えている。この祭りは毎年6月に開催され，北海道・札幌

図3-7　バサラ祭りの風景
出所：筆者撮影（2005.08.27）

の初夏を彩る行事として定着してきており，地域の人びとによって次第に伝統として「表象」されるようになっている。[13]

また「よさこい祭り」は奈良にも転移しており，「バサラ祭り」と呼ばれるものになっている（図3-7）。「バサラ祭り」は，21世紀の奈良ににぎわいと活気と元気を呼ぶことをスローガンに8月下旬に行われている祭りで，1999（平成11）年に始められ，2016（平成28）年で第18回を数え，高知県の「よさこい祭り」をモチーフに，各チームがアイデアを凝らした衣装を身に付け踊りを繰り広げている。

現在，奈良の新しい夏祭りとして，地元の人びとはもちろん，夏の奈良を訪れる観光客をひきつけるようになっており，地方紙でもよく取り上げられている。指定曲となるバサラ祭りの踊り歌「踊る・なら，そらっ！」をはじめ，ポスター，チラシの制作から，鳴子のデザイン，衣装，振り付けのモデル・パターンの制作まで，すべて，近鉄奈良駅周辺商店街の若手経営者や地元有志で結成されたバサラ祭り実行委員会が担当し，祭りを運営している。[14]

このように「伝統の転移」とは，ある地域の伝統と「表象」されていたものが別の場所に移植され，別の場所の文脈において再定義されることを意味しているが，北海道や奈良に移植され，再定義された伝統，それこそが「YOSAKOIソーラン祭り」や「バサラ祭り」なのだと言えよう。その他にも，高知県「よさこい祭り」はさまざまな場所に転移し，北は北海道から南は沖縄県まで，ほぼ全国で「よさこい祭り」が行われるようになっている。

4 「合わせ鏡」に映る鏡像としての地域アイデンティティ
　　——S.フロイトやJ.ラカンの議論を手がかりに

　「YOSAKOIソーラン祭り」にしろ，「バサラ祭り」にしろ，それらは，もともとある地域の伝統と「表象」されていたものが別の場所に移植され，別の場所の文脈において再定義されたものであり，真正性（authenticity）とは何のかかわりもない。こうした「伝統の転移」が投げかけている問題とは何か。

　それは，地域アイデンティティをめぐる問題である。「伝統の転移」においては，本来，地域に特有の伝統行事として創造され表象されるべきものが，他地域の伝統行事のかたちをとって表象される。「YOSAKOIソーラン祭り」や「バサラ祭り」の事例では，本来，北海道札幌や奈良に内在する地域の文脈に根づき，表象・創造されるべきであったイベントが，高知の地域アイデンティティとして表象されている「よさこい祭り」のかたちをとって現れているのである。それはすなわち，ある地域の伝統行事に投影される人びとの意味・欲望・利害関心が，他地域の伝統行事に投影される人びとの意味・欲望・利害関心のかたちをとって現れることでもある。これこそが「伝統の転移」が投げかけている問題ではないだろうか。

　そもそも「転移」とは，S.フロイトやJ.ラカンをはじめとした精神分析学者たちが中心に据えた概念で，自己の感情や想いが他者の感情や想いとシンクロナイズ（同調）する現象を言う。[15] ラカンはエメと名づけた女性のパラノイア患者について考察を展開しているが，そこでは精神分析の治療にあたってラカンの感情と欲望が，エメの感情や欲望とシンクロナイズ（同調）し，ラカンはエメの息子になろうとする感情を，エメはラカンの母親になろうとする感情を相互にもつにいたったことが報告されている。

　またフロイトやラカンの理論を用いて精神分析学を日本で展開している新宮は，自らがあつかった症例から，「イギリスへ留学したい」という自己の欲望が，治療の過程で「フランスへ留学したい」というクライエント（患者）の欲望とシンクロナイズ（同調）し転移し，新宮自身は結局フランスへ留学することになり，

第Ⅱ部　ツーリズム・モビリティと地域アイデンティティとダークネス

図3-8　合わせ鏡に映る鏡像としての地域アイデンティティ
出所：筆者作成

クライエント（患者）はイギリス文化論へと専攻を変更した事例について述べている。クライエント（患者）が父親に対する愛情や憎しみを，精神分析を行う者に転嫁させるのも，感情や想いがシンクロナイズ（同調）した現れである。

「自己の欲望は他者の欲望である」というラカンの有名なテーゼに引き寄せるなら，私たちはみずからの想いや思惑や欲望が自分の内から自然と湧きあがってくるように思っているが，私たちの想いや思惑や欲望は，自分の内からではなく，他者からもたらされているのである。私たちが言葉によって媒介される社会の中で相互に他者と結ばれているかぎり，他者の想いや思惑や欲望を自分のものとしてみずからの中にとりこんでしまう。

地域アイデンティティにおいても，これに類似したことが生じていると言えないだろうか。北海道や奈良という地域の伝統行事に投影される人びとの想いや思惑が，高知という他地域の伝統行事に投影される人びとの想いや思惑とシンクロナイズ（同調）し，他地域の伝統行事を自分たちの地域アイデンティティとして考えてしまう。

私たちが地域の伝統行事に投影している想いや思惑は，私たち自身の内にその起源をもっているかのようにみえながら，実はそうではなく，図3-8において示したように，他者や，他地域の人びとによって「合わせ鏡」の中で形づくられるのである。2006年（平成18）年度の「よさこい祭り」で出演していたある

チームは、そのことを象徴的に表現していた。そのチームは香川のチームであったが、徳島の阿波踊りの振り付けをしながら、高知で「よさこい」を踊っていたのである（図3-9）。

もちろん他地域に移植された伝統行事が逆に、本来存在していた地域の伝統行事に影響を与え、そのあり方を変えることもある。たとえば北海道の「YOSAKOIソーラン祭り」が、高知の「よさ

図3-9 高知『よさこい』で徳島「阿波踊り」の振付けで踊る香川チーム
出所：筆者撮影（2006.08.12）

こい祭り」のあり方に影響を与えたりもしている。「伝統の転移」の議論にあっては、どちらがオリジナルな伝統であるのかということや、オリジナルな伝統がいかにして「模倣」され「伝播」されていくのかということが重要なのではなく、各地域のアイデンティティがまるで「合わせ鏡」に映る鏡像として形成されているということが重要なのである。[17]

5 地域アイデンティティのモバイル化
―――「オリジナルなき世界」を拡張する観光

このように、現在、観光の文脈においては、地域アイデンティティが「合わせ鏡」に映る鏡像として現れているケースが数多くみてとれる。

たとえば先にも挙げたように、奈良の古都の夜をろうそくで照らすイベントとして「なら燈花会」があるが、この「なら燈花会」が始まった後、奈良と同様に「古都」イメージで売っている京都でも「京都・花灯路」というイベントが行われるようになった。[18]両者はともに古都の夜をろうそく（「京都・花灯路」の場合はろうそくを模した電灯）で照らし出していくもので、非常に似通ったイベントとなっている。これらは、今や地域住民の中にさえ、昔からあった「伝統」行事なのだと認識している人も少なからずおり、その意味で、「創られた伝統」であると言えるのだが、それにとどまらず「伝統の転移」の事例として考

第Ⅱ部　ツーリズム・モビリティと地域アイデンティティとダークネス

図3-10　なら燈花会の風景
出所：筆者撮影（2004.08.13）

図3-11　京都・花灯路の風景
出所：筆者撮影（2014.03.16）

えることもできよう。2つのイベントはまるで，「合わせ鏡」の中にみずからの地域アイデンティティを映すかのように，それぞれが〈古都らしさ〉をアピールしているのである（図3-10・11）。

また神戸では「神戸ルミナリエ」が，1995（平成7）年の暮れから毎年開催されている。これは，神戸三宮「南京町」付近から「旧居留地」付近にかけてイルミネーションのアーケードの下を歩いていくイベントであり，〈神戸らしさ〉を表象するうえで不可欠なロマンチックな雰囲気を醸成するものである。この「神戸ルミナリエ」が1999（平成11）年に東京丸の内に移植され，「東京ミレナリオ」として実施されるようになった。現在このイベントはその名前を変え，「東京ミチテラス」として続けられ，〈丸の内らしさ〉を表象するうえでなくてはならない行事となっている（図3-12）。

このように，観光では，地域アイデンティティが「合わせ鏡」の中に映る鏡像として形成される場合が少なからず存在する。地域アイデンティティは地域の固有性という文脈を剥ぎとられ，まさに「デラシネ（根無し草：déraciné）」となって漂流し始めているのである。

観光は，他の地域から移動する観光者（他者）の想いや思惑や欲望をつねに基軸にして，それに向けて自分たちの想いや思惑や欲望をシンクロナイズ（同調）させ，地域アイデンティティを形成するよう要求する。それゆえ観光の文脈では，地域アイデンティティのモバイル化が進展し，「オリジナルなき世界」が拡

第3章　観光における「伝統の転移」

図3−12　神戸ルミナリエの風景
出所：筆者撮影（2007.12.15）

張していくのだと言えよう。

6　「地域で生きる」新たなかたちをめざして

　本章でみてきたように，観光は，伝統を創造し転移させ，そのことを通じ，地域アイデンティティを「合わせ鏡」に映る鏡像として形成するにいたっている。

　だが，その際に重要となるのは，そうした世界を単に拒絶し，目を背けようとすることではない。そうではなく，みずからの内側からわき起こってくる「アイデンティティ」，すなわち，みずからの内に起源（origin）をもつような「アイデンティティ」が"本来"存在しているはずだという私たちの思考を徹底的に問い直し，現代のモバイルなグローバル世界において，「地域で生きる」新たなかたちを模索することだろう。

　他地域（他者）との「合わせ鏡」の中に乱反射しながら映し出されてくる「鏡像」を，したたかに，そして柔軟に「アイデンティティ」として利用していく

第Ⅱ部　ツーリズム・モビリティと地域アイデンティティとダークネス

──そうした「ポストモダン」風の振る舞いから，私たちはもっと多くを学んでもよいのかもしれない。

注
(1)　ホブズボウム，E.／前川啓治・梶川景昭他訳『創られた伝統』紀伊国屋書店，1992年。
(2)　山下晋司「『楽園』の創造──バリにおける観光と伝統の再構築」山下晋司編『観光人類学』新曜社，1996年，104-112頁，山下晋司『バリ　観光人類学のレッスン』東京大学出版局，1999年。
(3)　山中速人『イメージの〈楽園〉──観光ハワイの文化史』筑摩書房，1992年。
(4)　和崎春日「都市生活のなかの伝統と現代──民俗の変貌と創造」藤田弘夫・吉原直樹『都市社会学』有斐閣，1999年，177-192頁。
(5)　遠藤英樹「地域のかたち──地域社会学からの視点」奈良県立大学地域創造研究会編『地域創造への招待』晃洋書房，2005年，13-20頁，「なら燈花会」公式ホームページ（http://www.toukae.jp/，2016年8月18日閲覧）。
(6)　遠藤英樹「伝統の創造」大橋昭一・橋本和也・遠藤英樹・神田孝治編著『観光学ガイドブック』ナカニシヤ出版，2014年，114-119頁。
(7)　観光の真正性（authenticity）をめぐって，どのような議論が観光社会学や観光人類学において展開されてきたのかについては，次の論文を参照してもらいたい。遠藤英樹「観光のオーセンティシティをめぐる社会学理論の展開」山上徹・堀野正人編著『現代観光へのアプローチ』白桃書房，2003年，197-210頁。
(8)　遠藤英樹「観光のオーセンティシティをめぐる社会学理論の展開」山上徹・堀野正人編著『現代観光へのアプローチ』白桃書房，2003年，197-210頁，ブルーナー，E.／安村克己・遠藤英樹他訳『観光と文化──観光の民族誌』学文社，2006年，Bruner, E. M.: Tourism, Creativity, and Authenticity, *Studies in Symbolic Interaction*, 10, 1989, pp. 109-114.
(9)　足立重和「伝統文化の発明──郡上おどりの保存をめぐって」片桐新自編『歴史的環境の社会学』新曜社，2000年，132-154頁，足立重和『郡上八幡　伝統を生きる──地域社会の語りとリアリティ』新曜社，2010年。
(10)　ハンドラー，R.&リネキン，J.／岩竹美加子訳「本物の伝統，偽物の伝統」岩竹美加子編訳『民俗学の政治性──アメリカ民俗学100年目の省察から』未來社，1996年，125-156頁。
(11)　坪井善明・長谷川岳『YOSAKOIソーラン祭り──街づくりNPOの経営学』岩波書店，2002年，「よさこい祭り」ホームページ（http://www.yosakoi.com/jp/index.html，2016年8月18日閲覧）。

⑿　坪井善明・長谷川岳『YOSAKOIソーラン祭り――街づくりNPOの経営学』岩波書店，2002年。
⒀　「YOSAKOIソーラン祭り」公式ホームページ（http://www.yosakoi-soran.jp/，2016年8月18日閲覧）。
⒁　「バサラ祭り」ホームページ（http://www.basaramatsuri.com/，2016年8月18日閲覧）。
⒂　中山元『フロイト入門』筑摩書房，2015年，新宮一成・立木康介編『フロイト＝ラカン』講談社，2005年，福原泰平『ラカン――鏡像段階』講談社，2005年。
⒃　新宮一成『ラカンの精神分析』講談社，1995年。
⒄　「伝統の伝播」「伝統の模倣」という言葉ではなく，精神分析学の用語を借りて「伝統の転移」という言葉を私が用いている理由は，ここにある。地域アイデンティティが「鏡像」の中にのみ存在し，つねに／すでに"ゆらぎ"を含みこんだものでしかないということを表現する言葉，それが「伝統の転移」なのである。
⒅　「京都・花灯路」公式ホームページ（http://www.hanatouro.jp/，2016年8月18日閲覧）。
⒆　須藤廣・遠藤英樹『観光社会学――ツーリズム研究の冒険的試み』明石書店，2005年，「神戸ルミナリエ」公式ホームページ（http://www.kobe-luminarie.jp/，2016年8月18日閲覧）。
⒇　「東京ミチテラス」公式ホームページ（http://www.tokyo-michiterasu.jp/，2016年8月18日閲覧）。
㉑　その際には，別の問題も生じることがある。それは，行事やイベントをめぐる「覇権」の問題である。現在，「伝統の転移」においては，どの地域のイベントが「オリジナル」なのかといった覇権（ヘゲモニー）をあらそう動きが生じるようになっている。「よさこい祭り」を例にすると，高知県「よさこい祭り」以上にメジャーとなった北海道「YOSAKOIソーラン祭り」に対し，高知県は，みずからが「オリジナル」であることを示すために「よさこい全国大会」を主催するようになっている。また「なら燈花会」と「京都花灯路」においても，緩やかではあるものの，それぞれが「オリジナル」であることを主張し，覇権の争奪をしていることをみてとることができる。「伝統の転移」はさきにもみたように観光の真正性（authenticity）という議論から最も遠く，本物であるオリジナルと模倣であるコピーという区分もあまり意味をなさなくなるはずの現象であるが，そこにおいて逆に「オリジナル」をめぐる覇権の争奪が生じてしまっているのである。観光による地域づくりにおいて，「オリジナル」をめぐる覇権は地域アイデンティティの問題と深く関わっているのかもしれない。

第4章 社会的に構築される「ダークネス」
―― モバイルな世界において抑圧されたものの回帰としてのツーリズム・モビリティ

1 「ダークツーリズム」とは何か

　日本においてユネスコに登録された世界遺産は，2016（平成28）年9月末現在，自然遺産が4と文化遺産が16で，あわせて20ある。広島県の原爆ドームも，日本にある文化遺産の一つで，1996年にユネスコに登録されている。ただし，ここは「負の世界遺産」であるという点でほかのものとちがっている。「負の世界遺産」とは，人類が犯した悲惨な出来事を伝え，悲劇を二度と起こさないために残す世界遺産のことを指す。

　原爆ドームは，もともとは広島県物産の陳列・即売などを目的に，1915（大正4）年に広島県物産陳列館として竣工された建物であった。それが，1945（昭和20）年8月6日に米軍B29爆撃機が原子爆弾を投下した際に爆心地近くに位置していたにもかかわらず，奇跡的に倒壊をまぬがれたのである。そのため，原子爆弾による被爆の惨禍を後世に伝えるべく，この建物が「原爆ドーム」として保存されることになったのだ。

　JR広島駅からここを訪れるには，路面電車の広島電鉄に乗り，「原爆ドーム前」駅で降りるのが一番近いだろう。原爆ドームの前では，原子爆弾の悲惨さを語り伝えるインタープリター（解説者）が何人かいて，彼らの言葉に国内外からやってきた多くの観光客が熱心に耳を傾けている（図4-1）。歩みをすすめ元安橋を渡ると，「原爆の子の像」や「平和の灯」が見えてくる。そこからもう少しだけ南へ行けば，「広島平和記念資料館」がある（図4-2）。ここには，原爆による熱線で焼け焦げた皮膚の写真や，放射能のために抜け落ちた女の子の髪の毛などが展示されており，戦争の惨禍，被爆の悲惨さをリアルに伝えてく

第4章　社会的に構築される「ダークネス」

図4-1　原爆ドーム
出所：筆者撮影（2015.01.20）

図4-2　広島平和記念資料館の外観
出所：筆者撮影（2015.01.20）

れる。

　観光研究者は近年，原爆ドームのように戦争の惨禍を伝える場所を訪問する観光を「ダークツーリズム」と呼ぶようになっている。現在，この「ダークツーリズム」が新たな観光のあり方として注目を集めつつある。

　では，「ダークツーリズム」とは何か。これについては，研究者間でも，まだ一致した定義があるとは言えない状況である。ただ，少なくとも「死や苦しみと結びついた場所を旅する行為」とする点では定義を共有しているのではないだろうか。すなわち，「戦争や災害の跡などの，人類の悲しみの記憶をめぐる旅」が「ダークツーリズム」なのである。ここでは，ひとまず，それをもって定義としておきたい。

2　「ダークツーリズム」の分類

　次に「ダークツーリズム」の分類について考えてみよう。「ダークツーリズム」は，訪問される場所によって，以下の3つに分類できると思われる。

（1）人為的にもたらされた"死や苦しみ"と結びついた場所へのツアー

　「ダークツーリズム」には，戦争，テロ，社会的差別，政治的弾圧，公害，事故など人為的にもたらされる"死や苦しみ"と結びついた場所を訪問する行為

第Ⅱ部　ツーリズム・モビリティと地域アイデンティティとダークネス

図4-3　2002年におけるグラウンド・ゼロ周辺の風景
出所：筆者撮影（2002.09.05）

がある。原爆ドームを訪問するツアーも，これに含まれるであろうし，ポーランド南部に位置する「アウシュヴィッツ＝ビルケナウ強制収容所」へのツアーも，これに分類されるであろう。「アウシュヴィッツ＝ビルケナウ強制収容所」は，第2次世界大戦中にナチス・ドイツによって推進された人種差別的な抑圧政策のもと，数多くのユダヤ人，政治犯，精神障がい者，身体障がい者，ホモセクシャルたちが収容され虐殺された場所で，原爆ドームと同じく「負の世界遺産」として1979年にユネスコ文化遺産に登録されている。

　ニューヨークの「グラウンド・ゼロ」へのツアーも，こうしたものに含まれよう。「グラウンド・ゼロ」は，かつて，2001年9月11日にアメリカで発生し3,000名を超える命が失われたテロ事件の爆心地の一つ「ワールド・トレード・センター」があった場所である。ここは現在，「ワンワールド・トレード・センター」が建てられており，大きく様変わりしているが，テロ事件が起こって間もない翌年の2002年頃には犠牲者の死を悼むために多くの人びとが訪問する光景がみられていた（図4-3）。

　ベトナム・ホーチミン市を中心にひろがるクチ・トンネルのツアーも，この分類に属する。クチ・トンネルは，ベトナム戦争中に，南ベトナム解放民族戦線によってゲリラ戦の根拠地としてつくられたトンネルである。また，未曾有の事故を起こしたチェルノブイリ原発へのツアー，病気による差別を受けた人びとの苦しみに思いをはせるために訪問されるハンセン氏病の療養所，イタイイタイ病や水俣病をはじめ多くの公害病に関連した場所を訪問するツアーも，これに分類できるだろう。

第4章　社会的に構築される「ダークネス」

図4-4　阪神・淡路大震災で半壊となった家屋
出所：筆者撮影（1995.01.24）

（2）自然によってもたらされた"死や苦しみ"と結びついた場所へのツアー

「ダークツーリズム」にあっては，自然災害によってもたらされる"死や苦しみ"と結びついた場所へのツアーも，忘れてはならない。井出は自然災害を，①地震災害，②津波災害，③火山災害，④台風の4つに整理している。(5)

「地震災害」の例としては，阪神・淡路大震災を挙げることができるのではないか。1995（平成7）年1月17日午前5時46分，突如，大地は上下に大きく揺れ，多くの家屋や建造物が崩れ落ち，火災があちらこちらに発生した。その結果，多くの人命がうしなわれ，甚大な被害が生じた。倒壊してきた家具にふさがれ何時間も出られなくなったためにPTSD（心的外傷後ストレス傷害）にかかった

75

第Ⅱ部　ツーリズム・モビリティと地域アイデンティティとダークネス

人がいるし，愛する家族を一瞬にしてうしなった現実を受容できずに今も苦しんでいる人がいる（図4-4）。この震災を受けて「人と防災未来センター」が，阪神・淡路大震災の記憶を風化させることなく後世に伝え，防災・減災の世界的拠点となることを目的に神戸市中央区に創設された。ここへの訪問は，自然によってもたらされた"死や苦しみ"と結びついた場所へのツアーになるだろう。また「津波被害」の例としては，2004（平成16）年12月26日にインドネシアのスマトラ島をおそった大津波があり，この記憶を伝える「アチェ津波博物館」を訪問するツアーが組まれたりしている。これも同様に2つ目の分類に属するものである。

（3）人為的なものと自然の複合的な組み合わせによってもたらされた"死や苦しみ"と結びついた場所へのツアー

　自然災害は，発生した後の対応など人為的な要素によって，一層被害を拡大させることがある。これについては，東日本大震災の事例を挙げることができよう。

　2011年3月11日午後2時46分，マグニチュード9.0という日本周辺では観測史上最大の地震が発生した。この地震とそれに伴って発生した津波などによって，1万8,000名を超える死者・行方不明者をだした。同時に，津波におそわれた東京電力福島第一原子力発電所が全電源を喪失し原子炉を冷却できなくなり，炉心溶融（メルトダウン）が発生した。その結果，大量の放射性物質を漏洩させる事故を起こしたのである。その後，事故は収束に向かうことなく，原子力発電所近辺の福島県一部地域は「帰還困難区域」「居住制限区域」に設定され，住民は避難生活の長期化を余儀なくされた。

　このことをまのあたりにして東浩紀たちの研究グループは，『福島第一原発観光地化計画』という書物を出版した[6]。そこでは「ダークツーリズム」を軸に，震災と事故の記憶を風化させることなく"死や苦しみ"に深く思いをはせる重要性がうったえられている。ここで計画されているツアーなどは，第3番目のものに位置づけられよう。

第4章　社会的に構築される「ダークネス」

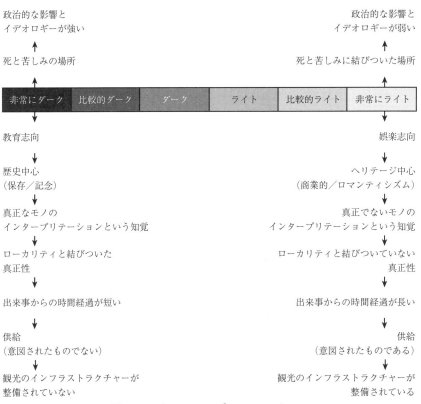

図4-5　ダークツーリズムのスペクトラム
出所：Sharpley & Stone (2009：21).

　以上のように分類されるダークツーリズムは，その濃淡によっても整理することが可能である（図4-5）。図をみると，「目的が教育志向か娯楽志向か」「保存を重視しているか商業性を重視しているか」「真正性を知覚できるか否か」「真正性がローカリティと結びついているか否か」「最近に起きたことか昔に起きたことか」「作為的な意図が含まれているか否か」「観光のインフラストラクチャーとして整備されているか否か」によって，「非常にダーク」なツーリズムから「非常にライト」なツーリズムまで，さまざまな段階があることが分かる。[7]
　ダークな色彩が強まるほど，観光地は，「死と苦しみ」を直接的に体現した場

第Ⅱ部　ツーリズム・モビリティと地域アイデンティティとダークネス

図 4-6　かつての病院を改装したホラーハウス
出所：筆者撮影（2013.12.20）

所となる。たとえば東日本大震災の被災地をめぐる旅は「非常にダーク」なツーリズムに位置づけられるだろう。逆に，かつて病院として用いられていた建物を娯楽用につくりかえたホラーハウスを訪れたり，「クリプト・ツーリズム」のように妖怪をテーマとして観光したりすることは，ダークツーリズムの中でも「非常にライト」なものに位置づけられる（図 4-6）。こうした場所は「死と苦しみ」に無関係であるとは言えないが，あくまで娯楽の意図のもとで「死と苦しみ」を指し示しているのである。

3　「ダークツーリズム」の何が新しいのか

こうした「ダークツーリズム」という概念を観光研究においてはじめに積極的に用いたのは，雑誌『インターナショナル・ジャーナル・オブ・ヘリテージ・スタディーズ』に掲載された J. レノンと M. フォーレーによる1996年の論稿である。レノンとフォーレーはその後，『ダークツーリズム——死と災害のアト

第4章　社会的に構築される「ダークネス」

ラクション』という本を執筆し、この言葉は新たな観光のあり方の一つとして急速に注目を集めるようになっていった。[9]

　もちろん現象としてなら、「死や苦しみと結びついた場所を旅する行為」は、もっと以前から存在していたのかもしれない。たとえばかなり以前からアウシュヴィッツ＝ビルケナウ強制収容所へのツアーは行われていたし、原爆ドームへのツアーも修学旅行などに組み込まれていた。そのように考えるなら、「現象としてのダークツーリズム」は、決して新しいものではないと言えよう。では何をもって、「ダークツーリズム」が新しいとされているのだろうか。それは、以前から存在していた多様な観光現象を、「ダークツーリズム」という同一の概念でくくるという点にほかならない。そうすることで、「"人類の歴史"への問い」と「"観光"への問い」がはじめて可能になったのである。

（1）"人類の歴史"への問い

　これについては、香川県豊島へのツアーから考えてみよう。豊島は、美しい瀬戸内の海に浮かぶ$14.4 km^2$ほどののどかな島だ。だが、かつてここには、産業廃棄物が違法に大量投棄された歴史があり、産業廃棄物による環境破壊の苦しみを住民たちは背負ってきた。こうした環境破壊による苦しみに思いをはせるツアーは、現在「ダークツーリズム」という概念のもとで言及されるようになっている。

　しかしながら、こうしたツアーは、アウシュヴィッツ＝ビルケナウ強制収容所など戦争による苦しみに思いをはせるツアーや、チェルノブイリ原発事故など事故による苦しみに思いをはせるツアー、自然災害による苦しみに思いをはせるツアーなどと同じものだろうか。豊島のツアーには、その場所、そのコンテクスト（文脈）だからこそ経験できるものがあるはずである。ほかのツアーの場合も同様である。

　場所もコンテクスト（文脈）も何もかも異なっているにもかかわらず、そういった違いをこえ、すべてを"人類の歴史"における負の産物をめぐる旅であるとみなしていく。そのために必要だったのが、「ダークツーリズム」という概念

79

装置ではないだろうか。場所もコンテクスト（文脈）も異なる多様な観光現象を，「ダークツーリズム」という同じ概念でくくる。それによってはじめて，私たちは，"人間の歴史"という近代的な普遍性に刻印づけられた枠組み（M.フーコーの議論にあるような）のもとでの問いかけを，観光で志向できるようになったのである。[10]

（2）"観光"への問い

　これまで観光は，地域の素晴らしい側面をみせることに傾斜してきたように思われる。そのことは，観光学の教科書で「観光」の語源とされていることにもみてとることができよう。観光学の教科書では，「観光」という言葉は，古代中国の戦国時代に編纂された『易経』の言葉，「觀國之光，利用賓于王（国の光を観るは，もって王に賓たるによろし）」という句に由来するとされている。[11]「国王の人徳と善政により国が繁栄し，その国を訪れる人にはその国が光り輝いてみえる」の意だが，この句にもみてとれるように，地域の素晴らしいところ，美しいところ，ポジティブなところをみせること——それこそが観光であるというイメージに私たちはとらわれ過ぎてきたのではないだろうか。

　これに対して，「死や苦しみと結びついた場所を旅する行為」を意味する「ダークツーリズム」は，その場所のネガティブな側面に目を向け，地域における人びとの悲しみに思いをはせ，悼み，祈るものである。「光」ではなく「闇（ダークネス）」をみる観光は，観光における既存のイメージをくつがえし再考をうながすであろう。

4　社会的に構築される「ダークネス」
　——観光というモビリティの文脈における「ローカリティ（地域）の政治性」

　以上，「現象としてのダークツーリズム」「概念としてのダークツーリズム」の区別をふまえるならば，新しいのは「現象としてのダークツーリズム」ではなく，「概念としてのダークツーリズム」なのだと言える。「概念としてのダークツーリズム」を地域の中へとインストールすることで，"死や苦しみ"でさえ

第4章　社会的に構築される「ダークネス」

図4-7　シロソ砦戦争記念館
出所：筆者撮影（2015.02.28）

図4-8　シロソ砦戦争記念館の蝋人形
出所：筆者撮影（2015.02.28）

ステレオタイプ化されていない視角からとらえかえし，新しい観光資源に変えていくことができるようになる。

　ただし"死や苦しみ"と結びついた場所があれば，その場所が自動的に「ダークツーリズム」の対象となるかというと，そういうわけでもない。戦跡や災害の被災跡などが保存されていたとしても，ツーリストが「観光されるべきダークネス」として，そのまなざしを向けるように方向づけられていないのであれば，「ダークツーリズム」の対象になることはないのである。このことについて，シンガポールのシロソ砦を事例に考えてみよう。

　シロソ砦はシンガポール南部にあるセントーサ島に位置しており，1880年にイギリスにより建設された要塞である。第2次世界大戦で日本軍がシンガポールを攻撃した時，イギリス軍がここにたてこもって迎え撃っている。日本軍占領時代には戦争捕虜の強制収容所として用いられ，現在は「シロソ砦の戦争記念館」として砲台なども復元されている。今は，要塞の中をツーリストが見ることができるように整備され，英語で現地ガイドのツアーも行われている（図4-7）。ほかにもさまざまな戦跡の展示があり，イギリス軍が日本軍に無条件降伏した時の様子を蝋人形で再現したコーナーもある（図4-8）。

　シンガポールにとってシロソ砦は，第2次世界大戦の深い傷あとを残した場所である。しかし，多くのツーリストがシロソ砦を「観光されるべきダークネス」として，そのまなざしを向けているかというとそうでもなく，私が調査に

第Ⅱ部 ツーリズム・モビリティと地域アイデンティティとダークネス

図4-9 リゾート感あふれるセントーサ島の風景
出所：筆者撮影（2015.02.28）

行ったときも，戦争当事国の国民だったはずのイギリス人や日本人も含め，ほんの少ししか見当たらなかった。にもかかわらず，海外からのセントーサ島を訪れるツーリストは，年間を通して非常に多いのである。とすれば彼らはいったい，セントーサ島のどこを観光しているのだろうか。それは，カジノ，ユニバーサル・スタジオ・シンガポール（USS），海洋水族園マリン・ライフ・パーク，マーライオン・タワーなどセントーサ島にあるリゾート施設だ。ツーリストのほとんどは，こういったリゾート施設を観光するのである（図4-9）。

　これら林立するリゾート施設，シンガポール政府の観光政策の成果とも言えるものである。この島は，かつてマラリアが流行し多くの死者をだしたことから，マレー語で「プラウ・ブラカン・マティ（背後の死者の島）」と呼ばれていた。かつて作家である井伏鱒二も「死の彼方」と呼び，島には暗いイメージがつきまとっていた。第2次世界大戦のときも，この島は戦禍の象徴のような場所になり，島はより暗いイメージでおおわれるようになった。そこで政府は，イギリスから返還された後，島の名称を「セントーサ（静けさ）」というリゾー

ト的な雰囲気のものにあらため，セントーサ開発公社を設立し，この場所の観光開発を重要な政策の一つと位置づけたのである[12]。

このような観光政策からするならば，〈ツーリストのまなざし〉の中でシロソ砦が「観光されるべきダークネス」として映り，「ダークツーリズム」の対象となることは決して好ましいことではないだろう。政府だけではない。セントーサ開発公社もまた，そうではないか。また，ここで営業しているテーマパーク，カジノ，ホテル，レストラン，土産業等の関係者も同じ思いであろう。さらに数多くのツーリストをセントーサ島のリゾート施設におくりこんでいる旅行会社の人びとも，同様だ。政府，セントーサ開発公社，テーマパークやホテル等の関係者，旅行会社，彼らはすべて，セントーサ島が明るく楽しいリゾート施設だと〈ツーリストのまなざし〉の中で映ることを望んでいるのである。

たとえ戦跡や災害の被災跡などが保存され，それが歴史的にどれほど重要であったとしても，観光に関わる人びとが，それを「観光されるべきダークネス」として構築していかない限り，その場所は「ダークツーリズム」の対象になることはない。観光というモビリティの文脈における「ローカリティ（地域）の政治性」が，「ダークネスに対するまなざし」を創りあげる（あるいは創りあげない）のである。その意味で，ある場所をダークツーリズムで観光するという行為じたいが，すでに，中立的ではないメッセージを帯びた行為となっている。

"死や苦しみ"がそのまま，「ダークツーリズム」の対象となるのではない。そうではなく，ある国や地域の中で観光に関わる人びとが，"死や苦しみ"を「観光されるべきダークネス」として構築しようとする，その限りにおいてはじめて，ある場所の"死や苦しみ"が「ダークツーリズム」の対象となるのである。

鹿児島県「知覧特攻平和会館」も，そうした事例の一つであろう（図4-10）[13]。ここは，第2次世界大戦期に戦死した兵士の遺品や関係資料を展示している施設である。訪問者たちは，この場所が，『永遠の0』で描かれたように「ゼロ戦による特攻」で若者たちが貴い命を散らせるため飛び立った出撃地であると思い，彼らの遺品を見て涙する。

しかしながら，この場所はそもそも実は陸軍の基地であり，日本海軍の艦上

第Ⅱ部　ツーリズム・モビリティと地域アイデンティティとダークネス

図4-10　鹿児島県「知覧特攻平和会館」
出所：筆者撮影（2015.09.21）

戦闘機であるゼロ戦とは何の関係もない。したがって中央展示室で展示されて(14)いるのも，ゼロ戦ではなく，陸軍の戦闘機「隼」なのだが，そのことを施設関係者もそれほど強調することはない。むしろ，そうした違いを無化し，ここを海軍の特攻基地と同様の「国や家族のために自分たちの命を犠牲にしてくれた若者たちを悼む」場所として強調し，観光客を惹きつけようとする。その意味で，この場所は，観光というモビリティの文脈における「ローカリティ（地域）の政治性」が，観光業者，『永遠の０』制作者をはじめとするメディア産業，政治家などの思惑・利害と結びつきつつ，「特攻の聖地」へと創りあげていった場所なのである。

　「ダークツーリズム」においては，「それが誰にとってのダークネスなのか（ダークネスでないのか）？」「どのような状況のもとで，どのようなものをダークネスとする必要がある（なかった）のか？」「あるものをダークネスとする（ダークネスとしない）ことで，得られるもの，失うものは何なのか？」などを問うていく必要が生じるであろう。

第4章 社会的に構築される「ダークネス」

5 モバイルな世界において抑圧されたものの回帰としての
ツーリズム・モビリティ

　だが、なぜ私たちは、「ダークツーリズム」に魅せられるようになっているのだろうか？　最後に、この問いについて述べ、むすびにかえたい。

　この問いについては、オランダにあるフローニンゲン大学の観光研究者 D. M. ブーダが、紛争地域を訪れる「ダークツーリズム」を事例として取り上げた研究がヒントを与えてくれる。この論文でブーダは、「死の欲動」をキーワードとしながら論を展開する。「死の欲動」とは、精神分析学者 S. フロイトのキーワードの一つである。

　"死""苦しみ"は、"生""喜び"と隣り合わせにあるべきもので、日常性のもとにあるはずのものである。"死""苦しみ"はつねに"生""喜び"と相克しながら、日常を形成している。フロイトによれば、自己破壊的な行動や苦痛へみずから投じるような行為へと駆り立てる「死の欲動」は、未来を生きようとする「生の欲動」とつねにセットとしてあるのだ。

　しかしながら、現代人は、日常性の中に"死"や"苦しみ"を組み込むことを怠ってきた。"死"や"苦しみ"は現代社会の中で否定的なものとして、できるだけ遠くに追いやられ、みえないようにされ、漂白され「抑圧」されてきたのではないか。人、モノ、資本、情報、知等が国境を越えて移動するモバイルな世界において、「秩序なき、新自由主義的な資本主義は、貨幣のフローに対する障壁を失くし、オフショア化された金融市場を拡大」させる。とくに、そうした恩恵に浴している欧米や日本、シンガポール、ドバイ等の大都市圏に居住する富裕層は、人の死体はおろか、動物の死体さえ見ることもほとんどなくなっている。

　「ところが、抑圧されたものは、たんに抑圧されるがままに留まっているわけではない。それは…（中略）…代替物を送り込もうとする」。社会において「抑圧」されたものは、かならず別のかたちとなって「回帰」するのである。ダークツーリズムは、モバイルな現代社会において抑圧されたものの代替物として、

第Ⅱ部　ツーリズム・モビリティと地域アイデンティティとダークネス

抑圧されたものがモバイルな観光的なかたちをとって回帰してきたものであると考えられないだろうか。まさにモバイルな世界において抑圧されたものの回帰としてのツーリズム・モビリティが、「ダークツーリズム」なのである。

　観光とは、現代社会の日常性と異なる視点を創りだす「異化作用」を通じて成立している。それゆえ日常性を形成するものであるはずの"死"や"苦しみ"が「究極の非日常」へと変換され、ダークツーリズムのもとで人びとは、現代社会が「抑圧」してきた"死"や"苦しみ"を覗きみたい衝動に駆り立てられるようになっているのである。今「ダークツーリズム」に注目があつまるようになっているのは、そのことと深く関係しているのかもしれない。

　そう考えるなら、「ダークツーリズム」のもとで「非日常的な"死"や"苦しみ"」（ダークネス）を観光することで、実は私たちは、とても大事なことから目をそらし逃避してしまっている可能性も否定できなくなる。とても大事なこと——それは、日常性のもとで"死""苦しみ"をすぐ隣りに感じつつ、「"死""苦しみ"とともに生きる」ことである。ダークツーリズム研究は今後、現代の"生"と"死"、"喜び"と"苦しみ"のあり方を考える大きな視座をもって議論を展開し、そうした議論を「平和の記憶を紡ぐ」ことへ向けていくことが重要となるのではないだろうか。

注
(1)　まず自然遺産として、「屋久島」(1993年登録)、「白神山地」(1993年登録)、「知床」(2005年登録)、「小笠原諸島」(2011年登録) がある。文化遺産としては、「法隆寺地域の仏教建造物」(1993年登録)、「姫路城」(1993年登録)、「古都京都の文化財」(1994年登録)、「白川郷・五箇山の合掌造り集落」(1995年登録)、「厳島神社」(1996年登録)、「古都奈良の文化財」(1998年登録)、「日光の社寺」(1999年登録)、「琉球王国のグスク及び関連遺産群」(2000年登録)、「紀伊山地の霊場と参詣道」(2004年登録)、「石見銀山遺跡とその文化的景観」(2007年登録)、「平泉——仏国土（浄土）を表す建築・庭園及び考古学的遺跡群」(2011年登録)、「富士山——信仰の対象と芸術の源泉」(2013年登録)、「富岡製糸場と絹産業遺産群」(2014年登録)、「明治日本の産業革命遺産　製鉄・製鋼、造船、石炭産業」(2015年登録)、「ル・コルビュジエの建築作品——近代建築運動への顕著な貢献」(2016年登録) が挙げられる。

(2) 福間良明「広島・長崎と『記憶の場』のねじれ——『被爆の痕跡』のポリティクス」『立命館大学人文科学研究所紀要』No. 110, 2016年, 111-137頁, 福間良明『「戦跡」の戦後史——せめぎあう遺構とモニュメント』岩波書店, 2015年。

(3) Sharpley, R., & Stone, P. R. eds.: *The Darker Side of Travel : The Theory and Practice of Dark Tourism*. Channnel View Publications, 2009.

(4) 井出明「ダークツーリズム」大橋昭一・橋本和也・遠藤英樹・神田孝治編著『観光学ガイドブック——新しい知的領野への旅立ち』ナカニシヤ出版, 2004年, 216頁。

(5) 井出明『ダークツーリズム入門 #1 ダークツーリズムとは何か』『ゲンロンエトセトラ』7, 2013年, 51頁。

(6) 東浩紀編『福島第一原発観光地化計画』ゲンロン, 2013年。

(7) Stone, P. R.: A Dark Tourism Spectrum : Towards a Typology of Death and Macabre related Tourist Sites, Attractions and Exhibitions, *Tourism : An Interdisciplinary International Journal*, 54 (2), 2006, pp. 145-160.

(8) Foley, M., & Lennon, J.: Editorial : Heart of Darkness, *International Journal of Heritage Studies* 2 (4), 1996, pp. 195-197, Foley, M and Lennon, J.: JFK and Dark Tourism—A Fascination with Assassination, *International Journal of Heritage Studies*, 2 (4), 1996, pp. 198-211.

(9) Lennon, J., & Foley, M.: *Dark Tourism : The Attraction of Death and Disaster*, Cengage Learning, 2010.

(10) フーコー, M./渡辺一民・佐々木明訳『言葉と物——人文科学の考古学』新潮社, 1974年。

(11) たとえば, 以下の文献を参照してもらいたい。前田勇・橋本俊哉「『観光』の概念」前田勇編著『現代観光総論』学文社, 1995年, 15頁。

(12) 田村慶子・本田智津絵『シンガポール謎解き散歩』中経出版, 2014年, 122-128頁。

(13) 福間良明・山口誠『『知覧』の誕生——特攻の記憶はいかに創られてきたのか』柏書房, 2015年。

(14) 山口誠「メディアとしての戦跡——忘れられた軍部・大刀洗と『特攻巡礼』」遠藤英樹・松本健太郎編著『空間とメディア——場所の記憶・移動・リアリティ』ナカニシヤ出版, 2015年, 193-212頁。

(15) Buda, D. M.: The Daeth Drive in Tourism Studies, *Annals of Toursim Research*, 50, 2015, pp. 39-51.

(16) 中山元『フロイト入門』筑摩書房, 2015年。

(17) Urry, J.: *Offshoring*, Polity Press, 2014, p. 175.

(18) 立木康介『露出せよ, と現代文明は言う——「心の闇」の喪失と精神分析』河出書房新社, 2013年, 29頁。

(19) これについては，以下の文献が重要である。市野澤潤平「楽しみのツーリズム——災害記念施設の事例から考察するダークツーリズムの魅力と観光経験」『立命館大学人文科学研究所紀要』No. 110, 2016, 23-60頁。市野澤はスーザン・ソンダクの議論をふまえつつ，「ダークツーリズム」に「他人の苦しみを『覗き見る』行為」という側面があることを適切に指摘している。他にも，次の文献も参照のこと。古市憲寿「『ダークツーリズム』のすすめ」『新潮45』12月号，2012年，103頁。

(20) 以上のように，ダークツーリズムは，①「"人類の歴史"への問い」，②「"観光"への問い」，③「"ダークネス"への問い」，④「"現代社会における"死"や"苦しみ"の意味への問い」といった四重の問いを含んだ現象なのである。

(21) せめぎあう記憶の場の中で，いかにして平和への記憶を紡いでいけるのか。このことをプロブレマテークとして可視化していくことが，今後ダークツーリズムの役割として重要となるだろう。

第Ⅲ部　ツーリズム・モビリティと再帰性

第5章 「虚構の時代の果て」における「聖なる天蓋」
——恋愛と旅の機能的等価性

1　恋愛と旅のゆくえ

　恋愛と旅は同じものである。本章で主張しようとしているのは，このことである。もう少し正確に言い直そう。1980年代後半から1990年代という限定された時期において，恋愛と旅は，ある同じ機能を有していたのである。以下では，このことについて詳細に論じていくことにしたい。

　まず，2節「『理想の時代』『夢の時代』から『虚構の時代』へ」では，社会学者である見田宗介の時代区分を用いながら，日本が「理想の時代」「夢の時代」から，1980年代，「虚構の時代」に移行していったことについて確認する。3節「恋愛という『聖なる天蓋』」では，「虚構の時代」を映し出す想像力であったトレンディドラマが，1980年代後半から1990年代にかけて，純愛ドラマへと変容していったことを述べ，それが社会的に恋愛に大きなウェイトが置かれるようになったことの表現であることを考察する。以上の議論をふまえ，4節「旅という『聖なる天蓋』」においては，1980年代後半から1990年代にかけて，恋愛と同様に，旅も，現実感覚（リアリティ）やアイデンティティにアクセスするためのメディア（媒体）であったことについて検討し，5節「モビリティが進化＝深化した現代の聖性」で，恋愛と旅がある時期に同じ機能をはたしていたこと，さらに，その後そうした機能があまり必要とされなくなったこと，モビリティが進化＝深化した現代において「聖性なき聖性」とも言うべきものが再帰的に生じ始めていることを指摘する。

2 「理想の時代」「夢の時代」から「虚構の時代」へ

　見田宗介は，その著『社会学入門』において，日本が戦後からたどってきた時代を3つに区分している。彼は次のように言う。[1]

> 「『現実』という言葉は，三つの反対語をもっています。『理想と現実』，『夢と現実』，『虚構と現実』というふうに。日本の現代社会史の三つの時期の，時代の心性の基調色を大づかみに特徴づけてみると，ちょうどこの「現実」の三つの反対語によって，それぞれの時代の特質を定着することができると思います。
> 　第一に，一九四五年から六〇年頃までの，『理想』の時代。人びとが〈理想〉に生きようとした時代。第二に，一九六〇年から七〇年前半までの，夢の時代。人びとが〈夢〉に生きようとした時代。そして第三に，一九七〇年代の後半からの，虚構の時代。人びとが〈虚構〉に生きようとした時代。」

　戦後，日本は朝鮮戦争の軍需景気をきっかけに，焼け跡からの復興をはたしていく。政治的にはアメリカン・デモクラシーやソビエト・コミュニズムの「理想」に導かれ，新しい日本の建設をめざそうとした時代である。それはまさに，「理想の時代」と言えるものであった。

　そして日本の経済成長は持続し，「高度経済成長」の時代が始まる。とくに東京タワーの建設（1958年），東京オリンピックの開催（1964年），大阪万博の開催（1970年）は特需を日本にもたらしたばかりではなく，時代の特質を明確にするシンボリックな意味も与えるものであった。映画『ALWAYS 三丁目の夕日』（2005年公開）でも，そのことがノスタルジックに描写されていた。この映画では，次第に完成していく東京タワーに投影するかのように，これから豊かになっていくことに対する「夢」を主人公たちは繰り返し語っていた。こうした時

代にあって日本の産業構造は、農林水産業などの第1次産業を中心とするものから、鉱工業などの第2次産業を中心とするものへと大きく変化していく。

だが日本を「豊かな社会」にした高度経済成長も、1970年代半ばには終わりを迎える。同時に、日本の社会・経済状況にも、新たな変化が訪れる。たとえば産業構造は、その比重を、鉱工業を中心とする第2次産業から、サービス業を中心とする第3次産業に移していった。D. ベルは、このことを「脱工業社会（ポストインダストリアル・ソサイエティ）の到来」と言う[2]。

それに伴い人びとの価値観も、1980年代、「物質主義」的なものから「脱物質主義」的なものへと変化し始めた[3]。すなわち、経済的な繁栄や物質的な享受を重視する価値観から、自己実現や自己表現を重視する価値観へ、「物の豊かさ」を重視する価値観から「こころの豊かさ」を重視する価値観へと変わってきたのである。

この時代、手にふれることのできる、実体のあるリアルな"モノ"ではなく、キレイで記号的演出がほどこされた"広告"や"情報"を軸に、社会が再編成されていく。こうした「虚構の時代」だからこそ、経済においても、根拠をもった実体経済ではなく、実体のない投機に支えられた、フィクショナル（虚構的）な好況感の浮遊するバブル経済が幕をあけたのである。

3　恋愛という「聖なる天蓋」

（1）テレビドラマに映し出される「虚構の時代」

「虚構の時代」である1980年代、アメリカでは「ヤッピー」（yuppie：young urban professionalsの略）と呼ばれる人びとが登場した。「ヤッピー」とは、20代後半から30代後半で、スーツや自家用車にお金をかけ、おしゃれで、大都市の高層マンション等に居住する、高収入のサラリーマンたちを意味する。日本でも、「ヤッピー」に憧れる若者たちが街に溢れ始めた。高価なブランドの服をセンス良く着こなし、都市生活を満喫する彼らのライフスタイルは、記号的な演出に満ちた「虚構の時代」にフィットしたものであった。

第5章 「虚構の時代の果て」における「聖なる天蓋」

テレビにおいてもまた，こうした若者たちのライフスタイルを描き出すような「トレンディドラマ」というジャンルが生まれてくる。以前のテレビドラマでは，心温まる家族や深刻な親子関係，切実な社会問題等が扱われることが多かったが，トレンディドラマでは仕事や友人関係や恋愛も軽いタッチで描かれ，ドラマの中で数多くの衣装や商品が企業とのタイアップのもとカタログのように紹介された。挿入歌もまた，音楽業界とのタイアップによって売られていく。音楽，ファッション，小物，これらの文化的アイテムが，すべて「商品」として売り買いされることが前提とされ，そこではじめて意味をもつ「文化産業」と化していったのである。

図5-1 『男女7人夏物語』DVD 表紙
出所：「男女7人夏物語」DVD-BOX 発売中，￥18,800＋税 (2017年1月現在), 発売元：TBS／販売元：エスピーオー (C)TBS

このようなトレンディドラマの先駆けとなったのは，何といっても『男女7人夏物語』(1986年)であろう（図5-1）。このドラマでは，登場人物である良介（明石家さんま），君章（奥田瑛二），貞九郎（片岡鶴太郎），桃子（大竹しのぶ），千明（池上季実子），香里（賀来千賀子），美和子（小川みどり）の男女7人の友情や恋愛，普段の暮らしぶりが軽妙かつコミカルに描かれていた。ブーツ型のグラスである「ビールブーツ」でビールを飲むシーンを見て，多くの若者たちは，このグラスを買い求めるようになったり，「renoma」の商品はこのドラマで用いられたおかげで人気ブランドとなったりしている。石井明美が歌う主題歌『CHA-CHA-CHA』も，大ヒットを記録した。

『君の瞳をタイホする！』(1988年)も，トレンディドラマ・ブームを牽引した番組として忘れてはならないだろう。渋谷道玄坂警察署の刑事たちを主人公としたドラマであるが，『太陽にほえろ！』『西部警察』に代表される，それ以前の刑事ドラマと大きく趣が異なり，捜査や犯人追跡の場面はほとんど出てこず，主人公たちがコンパやナンパに明け暮れる姿を描いていた。キャストである陣

内孝則，三上博史，柳葉敏郎，浅野ゆう子，工藤静香，三田寛子たちも，登場するシーンで，ファッション雑誌のモデルのようにブランドの服に身をつつんでいた。それ以降も，『君が嘘をついた』（1988年：脚本家・野島伸司のデビュー作），『愛しあってるかい！』（1989年：同じ野島作品）をはじめ，数多くのトレンディドラマが放映されたのである。

（2）トレンディドラマから純愛ドラマへ

しかし1990年代に入り，バブルがはじけるとともに，トレンディドラマに変化が訪れる。ブランド服に身をつつみながら，都市生活を満喫する「ヤッピー」的なライフスタイルのもとで，軽いタッチで恋愛模様をおしゃれに描いていくのではなく，一人の異性を一途に思い続ける「純愛」的な要素をもつドラマが現れ始めたのである。

「純愛」の要素を濃厚にもったドラマとして，はじめに『東京ラブストーリー』（1991年）を挙げるべきだろう。主人公リカ（鈴木保奈美）が，雨の中ずっと待たされたりしながらもカンチ（織田裕二）のことを思い続けていくこのドラマは，恋愛を軽いノリでコミカルに描くこれまでのトレンディドラマとは一線を画するものであった。

さらに，その半年後には，『101回目のプロポーズ』（1991年）が放映される。武田鉄矢扮する主人公・星野は，事故で他界した婚約者を忘れられないでいる薫（浅野温子）を好きになる。何度断られても一途に薫を思い続ける星野が，死んだ恋人が忘れられないと涙する薫の前で，走ってくるトラックへといきなり飛び出して「僕は死にましぇん，あなたが好きだから。僕が幸せにしますから！」と言う場面は，純愛ドラマの歴史における名シーンとして記憶されている。

その後も『素顔のままで』（1992年），『あすなろ白書』（1993年），『愛してると言ってくれ』（1995年），『ロングバケーション』（1996年），『WITH LOVE』（1998年），『恋ノチカラ』（2002年），『世界の中心で，愛をさけぶ』（映画・テレビドラマともに2004年）といったドラマが制作された。テレビドラマの流れは，トレンデ

ィドラマから純愛ドラマへと移っていったのである。純愛ドラマにおいて「この人を愛するために私は生まれてきた」と主張するかのように,「恋愛」が登場人物たちの生きる「意味」を提供するものとなった。

　テレビドラマが提供する物語は，私たちの社会の在り方と密接につながるものである。それは，私たちの社会を映し出す鏡（想像力）であると言える。[6][7]

　「虚構の時代」においては，記号的演出がほどこされた"広告"や"情報"こそが重要だとされていたが，その中で，ファッション，音楽，グルメ等の個々の「意味」や「意義」「重要性」を深く問うようなことはほとんどなされず，世界におけるすべての事象を，まるでカタログ雑誌を通して選択するアイテムのように見なしていった。世界のすべてにカタログ雑誌のアイテム以上の「意味」を見出すことができなくなってしまった時代，それが「虚構の時代」なのである。トレンディドラマは，そうした時代の想像力であった。

　しかしカタログに同列に並べられたフラットな世界の中で，私たちは世界の「意味」を次第に見失ってしまったのではないだろうか。皮肉なことに，自己実現や自己表現を重視する価値観，「こころの豊かさ」を重視する価値観を志向した社会の中で，私たちは自己実現の「意味」，自己表現の「意味」，「こころの豊かさ」の「意味」を見失った。そうした「虚構の時代の果て」に，世界に「意味」を再度帯びさせてくれるものとして，「恋愛」が大きな位置を占めるものとして浮上してきたのではないだろうか。そのことを『東京ラブストーリー』『101回目のプロポーズ』から『愛してると言ってくれ』『ロングバケーション』，そして『恋ノチカラ』『世界の中心で，愛をさけぶ』にいたる1990年代，2000年代中頃までの純愛ドラマは，明白に表現していたと言えよう。[8]

（3）恋愛という「聖なる天蓋」

　かつて世界に「意味」を付与していたのは，宗教であった。宗教が，混沌とした世界（カオス）に，秩序だった陰影ある「意味」を与えてくれていた。宗教が世界を覆い包んでくれることで，人びとは，確かな現実感覚（リアリティ）やアイデンティティを有することができたのである。その意味で，かつての宗教

は，世界を大きな天蓋のように包んでくれる「聖なる天蓋」[9]であった。しかしながら，M. ヴェーバーも主張するように，近代化のプロセスが進んでいくとともに，すべてを合理的に解釈していく「脱魔術化」が進み，宗教から聖性が奪われていくようになる。

　日本も「理想の時代」から「夢の時代」へと進んでいくとともに，宗教が「聖なる天蓋」の機能を果たさなくなっていく。その一方「虚構の時代」の訪れと同時に，世界がフラット化し，奥行のある「意味」を見出すことができなくなってしまった。その果てに，恋愛が，宗教に代わりうる新しいオルタナティブな「聖なる天蓋」として発見されたのではないだろうか。恋愛が，生きる「意味」＝アイデンティティを付与する装置として発見され，積極的に動員されていったのである。それは，恋愛という宗教の誕生とも言えるものであった。[10][11]

　テレビドラマに映し出されていたように，1980年代後半から1990年代にかけて，恋愛が現実感覚（リアリティ）やアイデンティティにアクセスするためのメディア（媒体）となっていた。宗教が聖性を喪失するとともに，恋愛が世界を「聖なる天蓋」で包み，秩序づけられた規範的な意味（コスモス）を私たちに与えてくれるようになったのだ。

　実は1980年代後半から1990年代の「虚構の時代の果て」にあって，恋愛と同じく，現実感覚（リアリティ）やアイデンティティにアクセスするためのメディア（媒体）として機能していたものが，もう一つある。それが旅である。これについて，バックパッカーという存在に注目しながら考えてみよう。

4　旅という「聖なる天蓋」

（1）バックパッカーとは何か

　バックパッカーとは，旅行会社が旅の行程や宿泊所等を用意する「パッケージ・ツアー（パック旅行）」とは異なり，自分自身で旅の行き先やルートを決め，そのために必要な手続きや準備を行う観光客のことを言う。彼らの多くが「バックパック」というリュックサック型のかばんを背中に背負っているところか

第5章 「虚構の時代の果て」における「聖なる天蓋」

ら，その名で呼ばれるようになった。このバックパックを背負い，Tシャツやジーンズ，スニーカー（時にはサンダル）といった軽装ないでたちで旅するのが，彼らの外見上のスタイルである。

バックパッカーたちは格安航空券を利用し，海外におもむく。その行き先としては，ヨーロッパや北米であることもあるが，タイ，ベトナム，インド，ネパール，中国（香港）などのアジアをめざす人が比較的多いと言えよう。泊まるのは，「ドミトリー」と呼ばれる一室に大人数でざこ寝をする施設の場合もあり，その場合，時には扇風機だけでエアコンも効

図5-2 『深夜特急』カバー
出所：沢木耕太郎『深夜特急』（新潮文庫刊）

いておらず，シャワーもお湯ではなく水しか出てこない部屋であったりする。そういった場合には，もちろんテレビもない。旅先での市内の移動もエアコンがついていないバスであったり，食事も，観光客用のレストランではなく，土地の人が普段食している大衆食堂や屋台でとったりする。彼らは好んで，このような貧乏旅行をこころざす。

こうしたバックパッカーたちの旅が，一部の人びとに限定されたものではなく，より一般的となったのは1980年代のことだ。とくに，ノンフィクション・ライター沢木耕太郎による『深夜特急』の影響は非常に大きいと言える（図5-2）。この本は，沢木が1970年代半ば26歳のとき仕事を投げだして一年以上にわたって放浪した旅の記録だが，1986年に出版されて以来，多くのバックパッカーたちに強い影響をもたらしたのである。これ以降，『深夜特急』に影響されるかのように，多くの若者たちがバックパッカーとなって数週間，海外におもむく者も出てきた。

もちろん『深夜特急』の影響だけではない。バックパッカーが一般的になった背景として，一つに，「格安航空券」の登場がある。1980年前後に，エイチ・アイ・エスなどが営業を開始し，安価な海外航空チケットを気軽に購入できるようになったのである。もう一つには，バックパッカー向け海外情報誌の登場

が挙げられる。1970年代にバックパッカーとして旅をした西川敏春・安松清といった人びとのアイデアにより，各国版『地球の歩き方』が1980年前後から刊行され始めるが，これら情報誌を手に入れて，人びとはより気軽にバックパッカーの旅にでかけることができるようになった。(12)

（2）もう一つの「聖なる天蓋」

　以上のような「バックパッカー」と呼ばれる人たちは，旅行会社をはじめとする資本が旅の行程や宿泊所等をすべて用意してくれる「パッケージ・ツアー」とは異なる観光をめざそうとしている。バックパックを背負い，汚れたTシャツやジーンズを身につけて，みずからの手で旅を創りだそうとする彼らは，「パッケージ・ツアー」のように整備されてはいないオリジナルな旅をこころざす。

　場所から場所へと移動するにしても，自分自身がその国の人たちに混じって電車やバスのチケットを購入しなくてはならない。そういう中で，彼らはさまざまなトラブルに巻き込まれることも多い。たとえばバックパッカーの一人である素樹文生は，旅行記『上海の西，デリーの東』において次のように語っている。(13)

> 「一九九四年の一月，僕はほんとうの中国にやってきた。中華人民共和国，メインランド・オブ・チャイナである。だが，この国の現実は，前にも書いたが途方もなく甘美な幻想を裏切るものだった。今ではわかる。そんなものは体制や人種の違いからくる価値観のギャップであって，しかるべき当然の洗礼であり，そしてそんなものにへこたれて毒づいてばかりいたら本当のこの国の姿というものは少しも見えてこないということを。…（中略）…でも，この国に来た当初はやっぱりだめだった。中国大陸を旅行している間じゅう，僕はいつも何かに毒づいていた。」

チケット売場で順番を抜かされた挙げ句，ようやく窓口でチケットを購入しようと思ったら，「没有！（そんなもの，ねぇんだよ！）」と言われるという出来事

第5章 「虚構の時代の果て」における「聖なる天蓋」

によってめばえたイライラの感情が価値観や文化や習慣の違いから生じたのだと，彼は意味づけていく。

こういった場面に遭遇するたびに，すべてのことを旅行会社が準備してくれる旅では決してふれることのないような旅先の文化や習慣を知り，自分の国の文化や習慣が決して当たり前ではないということを実感していくのである。また，すべての交渉事を自分自身ですることに疲れ果て出会った人たちが，意外にもとても暖かく接してくれたことに感動することもある。その人たちが話してくれる言葉のすべてを理解することはできなくても，言葉の断片から自分の生き方を振り返ることができたという人もいる。

図5-3 『ASIAN JAPANESE』カバー
出所：小林紀晴『ASIAN JAPANESE』（新潮文庫）

もちろん自分自身で旅を創りだしていると言っても，彼らの旅には，『地球の歩き方』をはじめとする観光情報誌の影響を大きく受け方向づけられている要素も存在している。またさまざまな場所を，「パッケージ・ツアー」の人たちと一緒になってまわるときも少なからずあり，娯楽的な色彩も彼らの旅にはたしかに見てとれる。

それでもバックパッカーたちの経験には，人間的なふれあいを通して，その国の文化にふれ，自己を見つめ直すという「生きる意味」の探求の要素が濃厚にみて取れるのである。彼らは，アイデンティティを探しもとめる旅人なのだ。

こうして『深夜特急』以降，1980年代後半から1990年代にかけて，多くの若者たちがバックパッカーとして自分探しの旅に出かけるようになる。下川裕治，蔵前仁一，前川健一，日比野宏，宮田珠己をはじめ，多くのバックパッカーたちの旅行記が，次々と出版され，「旅で自分を見つめ直すことができた」という言説が繰り返し紡ぎだされていく。[14]

1995年に刊行された小林紀晴『ASIAN JAPANESE』も，同様である（図5-3）。この本は『深夜特急』にあこがれて旅にでた人びとを取材し，新たなバッ

クパッカー世代に鮮烈な印象を与えた作品である。この本においては，旅で「自分らしさ」「日本人らしさ」というアイデンティティを見出すことができたと口にする，アジア諸国で長く逗留し続ける（これを「沈没する」と言う）若者たちが，写真と文章によって描写されていたのである。

さらに忘れてはならないのが，『進め！　電波少年』というバラエティ番組の中で1996年に放映された「猿岩石のユーラシア大陸横断ヒッチハイク」のコーナーだろう。これは，有本弘行と森脇和成のお笑いコンビである猿岩石が，『深夜特急』を意識して香港からロンドンをヒッチハイクでめざすという企画だ。この番組では，旅が人を成長させ変えていくという，アイデンティティをめぐる「聖なる天蓋」であることを猿岩石は何度も何度も確認し表現していくのである。1980年代後半から1990年代にかけて，恋愛と同様に，旅も，現実感覚（リアリティ）やアイデンティティにアクセスするためのメディア（媒体）であったのである。

（3） E. コーエンの5類型——聖性の「中心」にふれる旅

　旅が現実感覚（リアリティ）やアイデンティティにアクセスするためのメディア（媒体）としての機能を担う場合もあることについては，観光社会学の研究者であるE. コーエンも指摘している。彼は，観光経験を「気晴らしモード」「レクリエーション・モード」「経験モード」「体験モード」「実存モード」の5つの類型に分類する。「気晴らしモード」「レクリエーション・モード」は観光客自身の生き方や価値観の根幹にふれる部分，すなわち「中心（center）」から遠い観光経験として位置づけられており，「経験モード」「体験モード」「実存モード」は観光客自身の生き方や価値観の「中心」に近い観光経験として位置づけられている。

　「気晴らしモード」とはただ，日常の退屈さからのがれようとする際の観光経験のことを意味しており，旅行は単なる気晴らし，うさ晴らしだとされる。同様に「レクリエーション・モード」も，娯楽的な色彩の強い観光経験であるが，この経験のもとで人びとは心身の疲労を癒し元気を取り戻す。そのため，この

経験は単なるうさ晴らし以上の「再生 (re-create)」の意味合いももっているのだとされる。

次に「経験モード」とは，自分たちが訪問した場所で生きる人びとの生活様式や価値観にあこがれ，それこそが本当に人間らしい生き方だと考えるにいたる観光経験のことを言う。さらに「体験モード」における観光客は，他者の生活にあこがれるだけでなく，実際そこに参加し体験しようとするものである。最後に「実存モード」は，単なる「体験」にとどまらず自分たちの生活様式や価値観といったものを捨て去り，旅で知った人びとの生活様式や価値観を永遠に自分のものにしようとする経験のことである。

こうして「気晴らしモード」から，「レクリエーション・モード」「経験モード」「体験モード」を経て，「実存モード」へと移行するにつれて，観光経験はメディアによって仕組まれた人工的で擬似的なものから，観光地で暮らす人びとの本物の暮らしや真正な文化にひたるものへと変わっていくとされる。

バックパッカーたちの旅が，「気晴らしモード」や「レクリエーション・モード」の要素も無関係ではないと言えるが，どちらかと言えば「経験モード」「体験モード」「実存モード」が濃厚であると言うことができるだろう。1980年代後半から1990年代にかけて，バックパッカーたちにとって，旅は，みずからのアイデンティティを獲得し，秩序づけられた規範的な意味（コスモス）を私たちに与えてくれるものとして位置づけられていたのである。

5　モビリティが進化＝深化した現代の聖性

1980年代後半から1990年代にかけての一時期，旅は恋愛と同じく，世界を「聖なる天蓋」で包み，規範的な意味（コスモス）を与えてくれる機能をはたしていた。恋愛も旅も，「虚構の時代」におけるフラットな世界の果てで，それでもなお現実感覚（リアリティ）やアイデンティティにアクセスするための装置＝メディア（媒体）として機能していたのである。その意味で，恋愛と観光は，相互に代替し得るような，N. ルーマンの言う「機能的等価性」を有していたのだ。恋[16]

愛を志向するのか，旅を志向するのか，それは偶有的（コンティンジェント）な選択に過ぎなかったのである。⁽¹⁷⁾

　こう考えるならば，なぜ若者たちが現在，積極的に恋や旅について語らなくなったのか，その答えもおのずから導き出せるだろう。それは端的に言って，それまでのものと比べ，現実感覚（リアリティ）やアイデンティティの位相（あるいは振る舞い方）が決定的にズレ始めたからである。たとえば2010年代モビリティが進化＝深化した現在において，「ここではないどこか（いまだ出会えていないけれど愛することになるであろう人，いまだ足を踏みいれていないアジア）に，確かなアイデンティティが存在している（はずだ）」「そこにこそ，いまだ探せていない"自分らしさ"がある（はずだ）」といったロマン主義的な語り口調を，若者たちは，かなり醒めた「再帰＝自省的なまなざし」でみるようになっているのではないか。

　彼らにとって恋愛も旅も，「熱い」ものではなく，もっと「日常の中に溶け込んだ非日常」とも言うべきものになっているのではないだろうか。⁽¹⁸⁾恋人同士がレストランやホテルなどを舞台にさまざまな演出を施しながらデートするのではなく，ただ一緒に自宅で「まったり」と過ごすという「家（うち）デート」も，そのことを表す一つの現象であろう。観光もまた，スケルトン・ツアーの隆盛のもとで，日常の中に少し色を添えるだけのものとなりつつある。

　こうして私たち現代人は，恋愛に対しても，あるいは旅に対しても，醒めた「再帰的＝自省的なまなざし」をもち，確かなアイデンティティ（というロマン主義的な幻想）よりも，日常の中で最適化されたキャラクターをいかに身にまとうか（というリアリズム的な態度）を重視するようになったのではないか。いや，身にまとわれるキャラクターこそアイデンティティであるかのように「あえて（再帰的＝自省的に醒めながら）」振る舞う――それが，現代におけるアイデンティティの振る舞い方なのかもしれない。⁽¹⁹⁾

　このように現実感覚（リアリティ）やアイデンティティの位相（振舞い方）が大きくズレ始めたために，人びとは，恋愛にも，旅にも，以前の位相にあるような（振る舞い方をするような）現実感覚（リアリティ）やアイデンティティにア

第5章 「虚構の時代の果て」における「聖なる天蓋」

クセスするためのメディア機能を託す必要性をそれほど感じなくなった。だとすれば，現代は，恋愛と旅が「聖なる天蓋」としては終焉を迎えていく時代に他ならないのだ。

　しかし，それは，社会がいかなる「聖性」をも必要としなくなったということを意味するものではない。社会は，「これまでと異なる位相の聖性」を必要とするようになったのである。Z. バウマンが述べているように，現代社会において，現実感覚（リアリティ）やアイデンティティは揺らぎ「液状化」している[20]。だからこそ，このような状態に対応し，「聖性なき聖性」とも呼ぶべきものが現れ始めているのである。その具体例として，現代の宗教が「パワースポット」「巡礼ツアー」をはじめ観光の文脈で消費されたり，グローバリズムに対するローカル・エスニシティの対抗手段として政治の文脈で利用されたりしながら，聖性を剝ぎ落とすことで，その聖性を復活させていることを挙げてもよいだろう。モビリティが進化＝深化した現代社会の聖性は，こうした再帰性に濃厚に彩られているのだ。

注
(1) 見田宗介『社会学入門――人間と社会の未来』岩波書店，2006年，70-71頁。
(2) ベル，D./内田忠夫他訳『脱工業社会の到来――社会予測の一つの試み（上）（下）』ダイヤモンド社，1975年。
(3) Inglehart, R.: *Modernization and Postmodernization*, Princeton, 1997.
(4) 菊屋たまこ・中田健二『懐かしのトレンディドラマ大全』双葉社，2009年。
(5) ホルクハイマー，M. & アドルノ，T. W./徳永恂訳『啓蒙の弁証法――哲学的断章』岩波書店，2007年。
(6) 宇野常寛『ゼロ年代の想像力』早川書房，2008年，宇野常寛『リトル・ピープルの時代』幻冬舎，2011年。
(7) 宇野は，このような視点から『ゼロ年代の想像力』（早川書房）においてテレビドラマだけではなく，マンガやアニメなどのメディア・コンテンツを考察している。この本の中で宇野は，マンガやアニメを社会のあり方を映し出す鏡（物語＝想像力）と考え，ゼロ年代（2000年代）以降の想像力がどのような方向へ向かうべきなのかを模索する。
　たとえば1980年代は，バブル経済期の明るい気分が肯定的に語られ，価値観も多様

化した時代であった。マンガやアニメも1980年代の社会のあり方を映し出す鏡として，明るい気分のもと多様な価値観をもった個人が戦いを繰り広げ成長し続けるマンガやアニメが描かれた。『ドラゴンボール』や『聖闘士星矢』などに代表されるような，これらのマンガやアニメを，宇野は「トーナメントバトル」の想像力と述べる。

　1990年代になると事態は変わる。バブル経済期が終焉し，社会は停滞し始める。地下鉄サリン事件や阪神・淡路大震災をはじめとする，終末的な事件・災害が多く起こるようになる。このような社会のあり方を映し出すものとして，マンガやアニメでも，何かを選択し戦いの世界へと身を投じることから逃げだそうとする作品群が描かれるようになる。『新世紀エヴァンゲリオン』などがその代表例である。『新世紀エヴァンゲリオン』の主人公である碇シンジは，ある日，父親が司令官をつとめる組織に呼び出され，人類を滅ぼそうとする謎の敵「使徒」と戦うために開発された巨大ロボット「エヴァンゲリオン」のパイロットに任命される。しかし何かにコミットすれば必ず誰かを傷つけてしまうことを知り，つねに逡巡し，何も選択しない道を選ぼうとする。これを，宇野は「引きこもり」の想像力だと言う。

　2000年代に入るとどうか。2000年代には，9.11同時多発テロ事件が起こり，アメリカによるイラク攻撃が始まる。何が正義か分からないままでも，何かを決断し他者を傷つけてでも生き残っていこうとする態度が社会に蔓延し始めるようになる。正義や自由の基準がなくても，そして他者を傷つけてしまうとしても，何かに「あえて」コミットしなくては生き残れない時代となっていくのである。この時代の想像力の代表として挙げられるのが，『DEATH NOTE』だ。『DEATH NOTE』は，主人公である夜神月が，ある日，死神が落としたデスノートを拾うところから始まる。人の名前を記入することでその者の命を奪うことができるというデスノートの力で「新世紀の神」として君臨しよう夜神，彼の前にたちはだかる名探偵「L」，さらに他のプレイヤーたちをまきこんでバトルロワイヤル的な状況が作りだされていく。こうしたマンガやアニメを，宇野は「決断主義」の想像力と述べる。

　このように宇野は，メディア・コンテンツが社会のあり方を物語る想像力として，社会のあり方を映し出す鏡となっていることを論じる。こうした議論は，メディア・コンテンツと社会のつながりを考えるうえで非常に示唆にとんでいると言えよう。

(8)　大澤真幸『虚構の時代の果て』筑摩書房，2006年，大澤真幸『不可能性の時代』岩波書店，2008年。
(9)　バーガー，P. L.／薗田稔訳『聖なる天蓋——神聖世界の社会学』新曜社，1979年。
(10)　だからこそ評論家である本田透は『電波男』において「恋愛資本主義」という概念を提示し，「恋愛こそすべて」といった雰囲気を批判しようとしたのである。他にも，小谷野敦など，何人かの批評家や文筆家たちも「恋愛こそすべて」といった雰囲気に違和感を表明している。

⑾　本田透『電波男』講談社文庫，2008年，小谷野敦『もてない男——恋愛論を超えて』筑摩書房，1999年。
⑿　新井克弥「メディア消費化する海外旅行」嶋根克己・藤村正之編著『非日常を生み出す文化装置』北樹出版，2001年，111-137頁，大野哲也『旅を生きる人びと——バックパッカーの人類学』世界思想社，2012年，須藤廣『観光化する社会——観光社会学の理論と応用』ナカニシヤ出版，2008年。
⒀　素樹文生『上海の西，デリーの東』新潮社，1998年，33-34頁。
⒁　山口は，バックパッカーの言説をもっと詳細に時代を区分して考察している。そうした考察は，このような議論において今後必要となるであろう。山口誠『ニッポンの海外旅行——若者と観光メディアの50年史』筑摩書房，2010年，を参照のこと。または，山口さやか・山口誠『「地球の歩き方」の歩き方』新潮社，2009年。
⒂　Cohen, E.: A Phenomenology of Tourist Experiences, *Sociology*, 13, 1979, pp. 179-201.
⒃　クニール，G. &ナセヒ，A./舘野受男・池田貞夫・野崎和義訳『ルーマン　社会システム理論』新泉社，1995年，佐藤俊樹『意味とシステム——ルーマンをめぐる理論社会学的探究』勁草書房，2008年。
⒄　1980年代後半から1990年代にあって，恋愛にも，旅にも志向しない若者たちも当然いた。ただし彼らも，「聖なる天蓋」をどこかでもとめていたのではないだろうか。オウム真理教は，そうした若者たちの一部をとりこんでいったのである。その意味では，1980年代後半から1990年代における「虚構の時代の果て」は，恋愛や旅を含め，「脱魔術化された世界が新たなかたちで再魔術化されていく幕開け」だったのかもしれない。
⒅　なるほど，現在にも，「リア充」といった言説があり，「恋愛」に対して大きな価値観を置いているかのようにみえる。しかし，「リア充」言説は，どこかで「恋愛至上主義」的な態度や価値観に対して揶揄するコノテーション（意味合い）を含んでいるように思われる。そこでは，「リア充であること」と「リア充でないこと」は，究極的には等価とされているのではないだろうか。このことについては，もう少し詳細に分析し，「リア充」言説に関しても社会学的に考察していくつもりである。
⒆　村上の議論にもあるようなキャラクターに関する考察も，今後詳細に展開していくことがさらに必要となろう（村上裕一『ゴーストの条件——クラウドを巡礼する想像力』講談社，2011年）。
⒇　バウマン，Z./森田典正訳『リキッド・モダニティ——液状化する社会』大月書店，2001年。

第6章　グローバル時代の新たな地域研究
——シンガポールを事例とした考察

1　新たな地域研究

　現代において，地域は，グローバリゼーションとローカライゼーションが重層的にせめぎあう中で成立するようになっている。今，地域研究は，そうしたすがたをとらえていかなくてはならず，これまでになく大きな刷新（innovation）をもとめられている。では，新たな地域研究とは，一体どのようなものであり得るのだろうか。

　本章は，「グローバル時代の新たな地域研究」像を模索する一つの試みである。その際，以下では，観光産業にとくに力をそそぐシンガポールを事例とする。というのは，地域を観光と結びつけ考察していくことで，これからの地域研究のあり方がより鮮明にみえてくると思われるからである。

　以下では，まず，シンガポールにおいて観光がどのような位置づけを与えられているのかを概説する。つぎに，シンガポールの各地域が観光を抜きにして考えることはできず，観光との関係性において大きく変貌を遂げてきたことを指摘する。さらに，そうした事例から観光と地域の「再帰的な関係性」を確認できることを述べ，このことをふまえ，観光論的な視点を積極的に内在化させた地域研究の必要性を示し結論とする。

2　観光産業に注目するシンガポール

　まず，事例とするシンガポールにおいて，観光がどのような位置づけを与えられているのかを概説していこう。

シンガポールが1965年にマレーシアから分離独立して以来，わずか約716km²の面積しかないこの国が生き残っていくために，リー・クアンユー首相のリーダーシップのもと，経済成長が国家の第一目標とされてきた。その中で，シンガポールは以下のような特徴を有するようにいたった。[1]

① 経済成長に最大の社会的価値をおく。

国の歴史，宗教，文化，言語等が社会的価値として重視され，経済はそれを維持していくための手段とされるのではなく，逆に，経済成長こそが国家の一義的な目標とされてきた。

② 近隣諸国よりもつねに先の経済発展段階を追い求める。

東南アジアにおける近隣諸国が労働集約型の軽工業を振興すると重化学工業を産業の軸にすえ，近隣諸国が重化学工業に移行し始めると金融産業を重視しはじめ，近隣諸国が金融産業を整備し始めると教育や医療などのサービス産業を振興する等，つねに産業構造的に近隣諸国よりも一歩先を歩こうとし，経済成長の歩みをとめないようにしてきた。

③ 経済開発が政府主導で行われている。

政府を批判する主張・意見を許容せずに，つねに政府の一元的な管理のもとで経済開発が行われてきた。

④ 政治や民族文化が経済成長の手段として位置づけられている。

政治的自由や，民族文化，宗教等は経済成長を阻害しない範囲でのみ許容されてきた。

⑤ その結果，豊かな民族文化が育っていない。

経済成長に力を注ぐあまりに，シンガポール独自の文化が豊かに根づいていると言い難い状況にある。

⑥ 欧米諸国に対して経済と政治を使い分けている。

欧米諸国の経済システムを取り入れつつも，その自由主義的な政治には距離をおき，欧米諸国のメディア等によって行われるシンガポール政府の批判は受けつけない態度を貫く。

⑦ いまだに国民のアイデンティティが模索段階にある。

第Ⅲ部　ツーリズム・モビリティと再帰性

　シンガポールは華人が多くの割合を占めながら日常生活としてはマレーシアやインドネシアと深いつながりをもち，かつての宗主国であったイギリスから国家制度を参考にしている一方で，経済的には日本，ヨーロッパ，アメリカと結びついている。このように諸外国との多様な関係性のもとで成立してきた国家であるため，独自のアイデンティティを醸成することが非常に困難であった。

　以上のように経済成長を重視する方針は，首相の座が1990年にリー・クアンユーからゴー・チョクトンに，さらに2004年にゴー・チョクトンからリー・シェンロンにひきつがれた後にも変わることがなかった。ただしリー・シェンロン時代になって以降の特徴としては，成長戦略に教育や医療などのサービス産業が重視されるようになったことが挙げられるだろう。

　観光産業もまた，そうしたサービス産業の一つとして重要な位置を占めている。このことは，ホテルの宿泊，ショッピング，食事などにおいて来訪者から得られた観光収入をみてもよく分かる（図6-1）。2000年には101億シンガポールドルであった観光収入は，2013年には235億シンガポールドルと2倍以上に膨れあがり，シンガポールの大きな収入源となっている。GDP中に占める観光収入割合についてみても，2012年，日本では観光収入がGDP中で1.9％であるのに過ぎないのに対し，シンガポールでは6.7％と非常に大きな割合を占めているのである。[2]

　海外からシンガポールを訪れる来訪者数も，2000年には約769万人であったが，2013年には1,557万人までに増えている（図6-1）。もちろんSARSや新型インフルエンザの流行等の影響で減少することもあるものの，ずっと右肩上がりの傾向が続いていることには変わりない。近年日本が観光政策に大きな力をそそぐようになっているとはいえ，海外から日本を訪れる来訪者が2013年には1,036万人にとどまっていたことを考え合わせるならば，シンガポールにおける来訪者数がいかに大きい数字であるかが一層明らかになるのではないだろうか。[3]

　観光産業は，シンガポールの経済成長をささえるものとして不可欠な主要産

第6章　グローバル時代の新たな地域研究

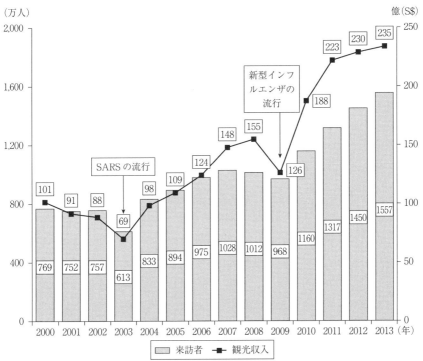

図6-1　シンガポールを訪れる海外来訪者数と観光収入の推移
出所：シンガポール観光局「Annual Report on Tourism Statistics」を基に筆者作成

業の一つに位置づけられるようになっているのである。その際，シンガポール観光局（STB：Singapore Tourism Board）がはたしてきた役割を無視することはできないだろう。STB は，シンガポール観光局法（Singapore Tourism Board Act）にもとづき，通商産業省（MTI：Ministry of Trade and Industry）管理下で1964年に設立された法定機関であり，シンガポールの観光産業を発展させ牽引する役割をはたしてきた。

たとえばSTB は2005年に，2015年までに海外からの来訪者を1,700万人，観光収入を300億シンガポールドルとする「Tourism 2015」という観光振興計画を発表している。STB は，この計画のもとで「Uniquely Singapore」という観光促進キャンペーン（後に「Your Singapore」にキャンペーン名を変更）を展開し，

さまざまな観光政策を実行してきた。

「MICE」の促進は，その一例である。「MICE」とは，Meeting（会議・研修），Incentive Travel（研修旅行），Conference または Convention（国際会議・学術会議），Exhibition または Event（展示会）の頭文字を合わせた言葉で，ビジネスに関係する要素をもった旅行のことを言う。STB では，こうした MICE 分野の促進をはかろうと，2006年には「BEiS（Business Events in Singapore）」という優遇制度を導入してきたのである。

また海外の医療施設で専門的治療を受けるために滞在し，滞在先で観光も行う「メディカル・ツーリズム」も，STB において重視されている領域である。STB は，シンガポール経済開発庁（EDB：Economic Development Board）やシンガポール国際企業庁（IE Singapore：International. Enterprise Singapore）と連携し，シンガポールを「アジアの医療ハブ」とするための政策を推進させてきた。その結果，現在シンガポールでは，多くの医療機関が，多言語対応のコンシェルジュ等を備えたりして，メディカル・ツーリストを積極的に受け入れるようになっている。

3　観光によって変貌するシンガポールの地域

シンガポールの観光振興策としては，「マリーナベイ・サンズ」と「リゾート・ワールド・セントーサ」という統合型リゾート（IR：Integrated Resort）の開発も忘れてはならないだろう。IR とは，カジノ，会議場などの MICE 施設，ホテル，ショッピングモール，アミューズメントパーク，レストラン，劇場・映画館，水族館，博物館，高級スパ等が一体となった複合型観光施設のことを言う。

シンガポール IR 開発は，2004年政府がカジノ開設に向けた検討を行うと国会で表明したことから始まる（表6-1）。クリーンなイメージを有するこの国でカジノを解禁しようとしたこともあり，与党内でも意見は大きく割れ，1年にも及ぶ議論が続けられた。しかしながら政府は持続的に経済成長をとげていくためには，独自の魅力的な観光商品を開発し，欧米や日本にとどまらず中国

第6章　グローバル時代の新たな地域研究

表6-1　IR開発に関わる年表

年・月・日	事項
2004年3月21日	通商産業大臣によるカジノ容認発言
2004年8月12日	リー・シェンロン首相就任
2004年8月22日	首相によるIR検討表明（独立記念日の国民向け演説にて）
2005年4月9日	内閣特別会合にてIR導入を決定
2005年4月18日	IR導入決定に係る首相演説
2005年6月27日	内務省内にカジノ規制部設置（カジノ規制庁前身）
2005年8月31日	国家賭博問題対策協議会の設立
2005年10月17日～11月11日	内務省によるカジノ管理法案の国民への提示
2005年11月15日～3月29日	マリーナ・ベイ地区入札開始
2006年2月14日	カジノ法案の国会通過
2006年4月28日～10月10日	セントーサ地区入札開始
2006年5月26日	ラスベガス・サンズ社が落札
2006年12月8日	ゲンティン・インターナショナル・スタークルーズが落札
2006年6月1日	カジノ法施行（部分施行　その後順次施行）
2008年4月2日	カジノ規制庁の設立
2010年1月20日	リゾート・ワールド・セントーサ，ホテル部分開業
2010年2月6日	リゾート・ワールド・セントーサ，ライセンス取得
2010年2月14日	リゾート・ワールド・セントーサ開業（部分営業開始）
2010年4月27日	マリーナベイ・サンズ開業（部分営業開始）

出所：一般財団法人自治体国際化協会シンガポール事務所「シンガポールにおけるIR（統合型リゾート）導入の背景と規制」42頁を基に筆者修正

やインドなどアジア新興国からも観光客集客をはかっていくことが必要だと判断し，2005年4月にカジノ解禁にふみきった。ただし反対意見にも配慮するため，あくまでこれらが「リゾート施設」でありカジノはその一部にすぎないと主張し，「IR」という呼称を積極的に用いるようになったのである。

　その後，2006年には「カジノ法案」が国会を通過し，IR開発が本格的に始まることになる。マリーナベイ地区のIR開発については2005年に入札が開始さ

第Ⅲ部　ツーリズム・モビリティと再帰性

図6-2　リゾート・ワールド・セントーサの風景①
出所：筆者撮影（2014.09.10）

図6-3　リゾート・ワールド・セントーサの風景②
出所：筆者撮影（2014.09.10）

れ，2006年に米国ネバダ州ラスベガスに本社をもつカジノリゾート運営会社であるラスベガス・サンズ社が落札した。セントーサ地区については，2006年に入札が開始されている。その結果，マレーシアでカジノ経営の実績をもち，米国ユニバーサル・スタジオと組んだゲンティン・インターナショナル・スタークルーズ社が落札し，ゲンティン・シンガポール社が開発にあたっている[7]。

　こうしてまず2010年1月には，「リゾート・ワールド・セントーサ」がIRの営業を開始したのである。セントーサ島面積の約10％を占める，島の北部約49万m²に広がるリゾート施設には，カジノ，レストラン，ホテルはもちろんのこと，テーマパーク「ユニバーサル・スタジオ・シンガポール」，総合スパ施設「エスパ」，水族館「シー・アクアリウム」・大型複合型プール「アドベンチャー・コーブ・ウォーターパーク」の2つを併せもつ「マリンライフ・パーク」等がある。ここでは，カジノばかりではなく「ユニバーサル・スタジオ・シンガポール」も重要な集客施設に位置づけられており，古代エジプトや近未来都市等をテーマに7つのゾーンに分けられている園内では，アメリカや日本のユニバーサル・スタジオと異なるオリジナルなアトラクションが数多く備えられている（図6-2・3）。

　「マリーナベイ・サンズ」は，2010年4月に営業を開始している。マリーナベイを背景に3棟の57階高層ビルが建ち，その上に船のような「空中庭園（スカイ

第6章　グローバル時代の新たな地域研究

図6-4　マリーナベイ・サンズ
出所：筆者撮影（2015.03.01）

図6-5　マリーナベイ・サンズ内にあるショッピングモール
出所：筆者撮影（2015.09.08）

パーク）」が横たわる複合施設は今や，「マーライオン像」とととともにシンガポールのランドマークとなっている。「空中庭園（スカイパーク）」には高層ビルの上から街を眺めながら入れるプールがあり，建物の中にはラスベガス・サンズ社運営のカジノ，2,500以上の客室を有するホテル，これらに直結するショッピングモールがある。ショッピングモールのエリアは7万m²以上の敷地を有し，ここに300を超えるショップやレストランが軒をつらねている。「マリーナベイ・サンズ」のすぐ近くには，「ガーデンズ・バイ・ザ・ベイ」という広大な庭園が造られており（図6-4・5），「スーパーツリー」と呼ばれる巨大な人工樹の立ち並ぶエリアが庭園のシンボルとして観光客の目を惹きつけている。

　だが「リゾート・ワールド・セントーサ」が位置するセントーサ島にしろ，「マリーナベイ・サンズ」が位置するマリーナベイ・エリアにしろ，これらの地域は最初からリゾート地として存在してきたわけではない。

　たとえばセントーサ島についてみると，政府がこの地域の名称を「セントーサ（静けさ）」にあらため，リゾート地として再開発しようとし始めたのは，1972年のことである。1972年にセントーサ開発公社を設立し，1974年に本島とセントーサ島をつなぐケーブルカーを設置し，1996年には巨大なマーライオン・タワーをつくり，次々と観光スポットとして整備していったのである。[8]

　1980年代半ば（『地球の歩き方　東南アジアB　シンガポール・マレーシ

ア』'86〜'87年版), 2000年代はじめ(『地球の歩き方　シンガポール』2000〜2001年版), 現在(『地球の歩き方　シンガポール』2015〜2016年版)の3つの時代に出版された観光情報誌を比較しても, そのことがよく分かる。1980年代半ばの観光情報誌では,「ケーブルカーを使って, セントーサ島へ渡るのもオモシロイ」という記述の後, 島内の海水浴場, 海洋博物館等が観光スポットとして薦められているが, 2000年代はじめになるとマーライオン・タワーがセントーサ島で注目すべき観光スポットに変わり始める。現在は, やはり, カジノやテーマパークを有する「リゾート・ワールド・セントーサ」の記述ばかりとなっている。ほぼ15年ずつ隔たった『地球の歩き方』を見ると, 島のかたちが次第に埋め立てられ変化していることも確認でき, 目まぐるしく変化していく地域の様子がみてとれる[9]。

　マリーナベイもまた同様である。3つの時代に出版された観光情報誌を比較すると, 1980年代半ばの観光情報誌ではマリーナベイに関しては何の記述もされておらず, 2000年代はじめになるとようやく,「マリーナ・サウスの埋立地は, 少しずつだが新しいレクリエーション・エリアとして開発が進められている」という記述が現れ始めている。現在では「マリーナベイ」の記述が多くの頁を占めるようになっている。

4　観光と地域の再帰性

　前節において, セントーサ島も, マリーナベイ・エリアも, 最初から現在のような姿で存在してきた地域ではなく, 観光と密接に絡み合いながら変貌を遂げてきた地域であることを検討してきた。マリーナベイ・サンズの建設中の写真(図6-6)をみても, かつての風景が現在のものとはまったく異なっていたことが推測できるだろう。

　シンガポールを代表する繁華街オーチャード・ロードも, 観光と密接に絡み合いながら変貌を遂げてきた地域である(図6-7)。オーチャード・ロードはより多くの観光客を呼び込もうと, つねにリノベーション(再開発)を重ねてき

第6章　グローバル時代の新たな地域研究

図6-6　建設中のマリーナベイ・サンズ

出所：http://sing-navi.net/archives/919
（2016.08.27アクセス）

図6-7　オーチャード・ロード

出所：筆者撮影（2015.03.01）

た。2008年には，政府が約4,000万シンガポールドルを投資し，オーチャード・ロードのリノベーション（再開発）を手がけ，ホテルやショッピング施設の改装を実施したのである。このように，シンガポールの地域はつねに再開発の波にさらされながら，観光によって変貌をとげ生成し続ける場所なのだといえる。

それゆえシンガポールにおいて，地域は最初から「存在する」ものなのではなく，観光との関係性の中でつねに「生成し続ける」ものなのである。ある地域が観光で訪問し見るべき場所であるのは，そこが「見るべき場所」として最初から存在していたからなのではない。そうではなく，私たちがその場所を観光しようとするのは，その地域を「見るべき場所」として構築し変貌させていったからなのである。こうしたあり方について，イギリスの社会学者であるJ. アーリは，次のように言う。

　「これまで通常，一方に『観光客』あるいは『観光客になるかもしれない人びと』がいて，他方にはもしかしたら『観光地』になるかもしれない『場所』があると前提されてきた。そのため観光研究は，個人旅行客や団体旅行客がそういった観光地である場所へ行く誘因を考察してきた。心理学者や経済学者はそうした旅行をひきおこす『誘因』を個人的なものであると考え，社会学者や人類学者はより社会的な要因に注目してきた。だが，どちらにおいても，事柄が切り離されて在るという存在論を見出すことがで

第Ⅲ部　ツーリズム・モビリティと再帰性

図6-8　観光と地域の再帰的な関係性
出所：筆者作成。

きる。両者どちらにおいても，場所や文化は相対的に固定された所与のものだと考えられており，それが観光客を場所と時間をこえてプッシュしたりプルしたりするとされる。…（中略）…観光客の行動は，訪問される場所と切り離されるものではまったくないし，場所は固定され変化しないのではなく，その中のさまざまな振る舞いに依存しているのである。」[10]

　アーリは以上のことを述べ，観光という遊びを目的につくり変えられた場所こそが，現代社会においては活きた場所であると主張する。このような意味で観光によって変貌するシンガポールの各地域は，まさに活きた場所なのだと言えよう。

　それだけではない。観光という遊びを目的につくり変えられた場所が，シンガポールにおける観光のあり方を変えている。たとえばセントーサ島のことを考えてみてもよいだろう。セントーサ島で「リゾート・ワールド・セントーサ」がIRの営業を開始し，カジノ，レストラン，ホテル，テーマパーク，水族館等をつくることで，シンガポールは以前にもましてIRに一層大きく舵をきり，みずからの観光政策を転換し始めたのだ。

　場所が観光によって再構築され変貌し，その変貌した場所によって観光もそのかたちを変化させていく。このようなあり方を「再帰性」という概念を用いて考えることができるだろう。前章でも述べたように，「再帰性」とは，「光が鏡にあたって自分自身に再び帰ってくるように，ある存在・行動・言葉・行為・意識がそれ自身に再び帰ってきて，ときにそれ自体の根拠を揺るがせてしまうこと」を指す用語である。[11]現代社会において，図6-8にあるような「観光と地域の再帰的な関係性」が観光や地域のあり方を考えるうえで重要となっているのである。

5　地域の実定性を問う観光

　地域は固定されたものでも所与のものでもなく，観光によって絶えず構築され続けているものであり，同時にそうすることで観光を構築するものでもある。このように観光と地域が再帰的な関係性にあるということは，観光産業に力をそそぐシンガポールを事例にすることで鮮明に浮かび上がる。だが，こうしたことはシンガポールに限らない。それは，マレーシア・インドネシア等シンガポール以外の東南アジア諸国，韓国・中国・台湾・日本等の東アジア諸国，アメリカ合衆国・イギリス・フランス・イタリア等の欧米諸国をはじめ，世界中の国々や地域でみられる光景であると言えよう。

　今や地域を固定的なものとして，実定化することは不可能となりつつある。アーリによれば，それは，現代社会がモビリティーズ（移動性）を軸にグローバル化されたことと深く関係しているとされる。地域がモビリティーズの渦に投げ込まれ，グローバリゼーションとローカライゼーションが重層的にせめぎあう中でつねに変化にさらされているのだとアーリは言う。そのうえで彼は，モビリティーズの特徴を以下のように13点挙げる。[12]

① あらゆる社会関係は，多かれ少なかれ「離れて」いて，スピードが早く，緊密で，多かれ少なかれ身体的な移動に結びついた多様な「つながり」を有している。歴史的に，社会科学は地理的に近接したコミュニティにあまりに焦点を当てすぎてきた。それは，同じ場所に存在している多少なりともフェイス・トゥ・フェイスな社会的相互作用に基礎づけられたものである。しかし今や，人びとや社会集団の多くの結びつきは，地理的に近接していることに基礎づけられているばかりではない。

② こうしたプロセスは，人，モノ，カネ，イメージ，情報などの相互に関連するモビリティーズから成り立っている。たとえば，それは以下のようなものである。

・観光，仕事，移民，避難のための人びとの身体的な旅。
  ・プレゼントや土産を贈ったり受け取ったりするだけではなく，生産者，消費者，小売業者への「モノ」の物理的な移動。
  ・さまざまな活字メディアや映像メディアのもとで現れ移動する，場所や人間のイメージを通じて生じる「想像的な」旅。
  ・伝言，書物，手紙，電報，ファックス，携帯電話等によって交わされるメッセージを通じた，コミュニケーションの旅。
③　モビリティーズは誰にとっても同じで均一的なのでなく，年齢・ジェンダー・人種・階層等と結びついており，不均一なものである。
④　あらゆる社会関係は地理的に「離れて」存在するようになったからと言って，フェイス・トゥ・フェイスな関係がなくなるのではない。時に，特定の期間だけ，フェイス・トゥ・フェイスのつながりがなされることがある。[13]
⑤　現代のモビリティーズには，人，モノ，カネ，イメージ，情報等の複雑な組み合わせ（アサンブラージュ）がみられる。
⑥　現在の統治のあり方は，１カ所の領域にのみ関係しているのではなく，「領域」を越えて横断するモバイルな人びとに関係するものである。
⑦　社会科学は，「自然」や「モノ」の世界から切り離され独立した社会領域として社会生活を扱ってきたが，こうした視点がここでは挑戦にさらされることになる。
⑧　こうした関係を分析する際に決定的なのは，「アフォーダンス」という概念である。たとえば自動車というテクノロジーと飛行機というテクノロジーは，異なるモビリティーズの経験を人びとに提供（アフォード）するが，そうした環境と人間の関わり合いが重要となる。
⑨　モビリティーズは二酸化炭素を排出するエネルギーを用いるため，炭素基盤社会を問題とせざるを得なくなる。
⑩　モビリティーズのシステムは，多様な空間の範囲やスピードで人，モノ，情報を流通させるプロセスをめぐって組織されている。

第6章　グローバル時代の新たな地域研究

⑪　これら多様なモビリティーズのシステムやルートは時間をかけて残っていくものである。

⑫　モビリティーズのシステムは，コンピュータ制御された自動車も含めて，次第に専門的な知識がなければ手が出せないものになっている。

⑬　「非モバイル」な物質的世界の相互依存的なシステムや，とくにすぐれて非モバイルなプラットフォーム（道路，ガレージ，駅，空港，港）は，モビリティーズの経験を形成するうえで不可欠である。

こうした「モビリティーズ」は，現在，観光や旅を抜きに考えることができないだろう。観光は，現代においてモビリティーズ（移動性）を中心としたグローバル社会を駆動させているのだ。それゆえ，これからの地域研究において，地域のあり方を透徹して思考しようとするとき，観光論的な視点を内在化させつつ地域の実定性を問い，観光との再帰的な関係性のもとで生成され続けるあり方を照射することは，戦略的にも有効な非常に重要なイシューとなるのではないだろうか。[14]

注
(1) 岩崎育夫『物語　シンガポールの歴史——エリート開発主義国家の200年』中公新書，2013年，231-236頁。
(2) 国土交通省国土政策局「シンガポールの観光・経済社会について」(http://www.mlit.go.jp/common/001036546.pdf#search='%E3%82%B7%E3%83%B3%E3%82%AC%E3%83%9D%E3%83%BC%E3%83%AB%E3%81%AE%E8%A6%B3%E5%85%89%E3%83%BB%E7%B5%8C%E6%B8%88%E7%A4%BE%E4%BC%9A%E3%81%AB%E3%81%A4%E3%81%84%E3%81%A6'，2014年10月25日アクセス），5頁。
(3) 国土交通省観光庁『平成26年版　観光白書』昭和情報プロセス株式会社，2014年，10頁。
(4) シンガポール観光局「Annual Report on Tourism Statistics」(https://www.stb.gov.sg/statistics-and-market-insights/Pages/statistics-Annual-Tourism-Statistics.aspx，2015年10月30日アクセス）。
(5) 財団法人自治体国際化協会・シンガポール事務所「シンガポールの政策（2011年改

訂版）観光政策編」(http://www.clair.or.jp/j/forum/pub/series/pdf/j34.pdf#search='%E3%82%B7%E3%83%B3%E3%82%AC%E3%83%9D%E3%83%BC%E3%83%AB%E3%81%AE%E6%94%BF%E7%AD%96%EF%BC%882011%E5%B9%B4%E6%94%B9%E8%A8%82%E7%89%88%EF%BC%89+%E8%A6%B3%E5%85%89%E6%94%BF%E7%AD%96%E7%B7%A8', 2014年10月25日アクセス）。

(6)　一般財団法人自治体国際化協会シンガポール事務所「シンガポールにおけるIR（統合型リゾート）導入の背景と規制」(http://www.clair.or.jp/j/forum/pub/docs/417.pdf#search='IR%E9%96%8B%E7%99%BA%E3%81%AB%E9%96%A2%E3%82%8F%E3%82%8B%E5%B9%B4%E8%A1%A8+%E3%82%B7%E3%83%B3%E3%82%AC%E3%83%9D%E3%83%BC%E3%83%AB', 2015年10月30日アクセス）。

(7)　次の文献を参照のこと。
田村慶子編著『シンガポールを知るための65章』明石書店，2014年，287-291頁。
田村慶子・本田智津絵『シンガポール謎解き散歩』中経出版，2014年，82-87頁。
岩崎育夫『物語　シンガポールの歴史――エリート開発主義国家の200年』中央公論新社，2013年，197-201頁。

(8)　田村慶子・本田智津絵『シンガポール謎解き散歩』中経出版，2014年，122-128頁。

(9)　次の資料を参照。
『地球の歩き方』編集室『地球の歩き方　東南アジアB　シンガポール・マレーシア '86～'87年版』1986年。
『地球の歩き方』編集室『地球の歩き方　シンガポール　2000～2001年版』1999年。
『地球の歩き方』編集室『地球の歩き方　シンガポール　2015～2016年版』2015年。

(10)　Sheller, M. & Urry, J.: *Tourism Mobilities : Places to Play,* Places in Play, Routlegde, 2004, pp. 5-6.

(11)　本書第Ⅲ部・補論を参照のこと。

(12)　Elliott, A., & Urry, J.: *Mobile lives*, Routledge, 2010, pp. 15-21.

(13)　イギリスの社会学者A.ギデンズによれば，伝統社会の人びとがローカルな状況に埋め込まれていたのに対し，現代社会の人びとはローカルな状況から引き離されるのだとされる。ギデンズはこれを「脱埋め込み化」という用語によって表しているが，それはローカルな状況がまったくなくなるのではなく，ときにローカルな状況に埋め込まれる「再埋め込み化」のプロセスがつねにつきまとうものである（ギデンズ，A.／松尾精文・小幡正敏訳『近代とはいかなる時代か？』而立書房，1993年）。

(14)　観光と再帰的な関係性にあるのは地域だけではない。文化もまた，観光と再帰的な関係性のもとにある。これについても，シンガポールを事例に考えることができるだろう。
　　　かつてシンガポールは，1960年代から1970年代にかけて「文化の砂漠」と呼ばれ，

独自の文化が育っていないとされていた。こうした事態に対し，文化を素材として外国人観光客の誘致をはかろうと，2000年に「ルネッサンス・シティ」実現を目指した文化政策を展開したのである。この政策では，ロンドン，ニューヨーク，香港に肩をならべることのできる芸術活動を振興しようと，重点的な予算配分が行われた。その結果，コンサートホールや劇場等からなる大型総合複合文化施設「エスプラネード」が2002年にオープンし，シンガポールの観光名所の一つとなり，「ドリアン」という愛称で親しまれるにいたっている（この経緯については，川崎賢一『トランスフォーマティブ・カルチャー――新しいグローバルな文化システムの可能性』勁草書房，2006年，第10章を参照のこと）。

　観光がシンガポールの文化に大きな影響を与え，それによって観光政策のあり方もより文化・芸術に力点を置いたものになる。このように観光と文化の関係性もまた，観光と地域の関係性と同様，再帰的であると言えるだろう。地域や文化を含め，社会における各領域は，観光に対して再帰的な関係性を有しつつあるのである。

| 第Ⅲ部 補論 | 「再帰性」のメディア ——近代を駆動させるドライブとしての観光 |

1 「再帰性」と観光

　本補論で考察するのは，①近代が「再帰性」において特徴づけられる社会であること，②観光は近代の「再帰性」を顕著に体現しているとともに，他の社会領域全体に「再帰性」を媒介し伝達し浸透させていくものとなっていること，この２点である。

　これらのことを考察するために，以下ではまず，ジム・キャリーという俳優の主演映画に言及しつつ，「再帰性」とはいかなるものかを説明していきたい。ジム・キャリーはカナダ出身の俳優で，コメディアンをこころざし，アメリカに活躍の舞台を移した後，1984年に映画デビューをはたし数々の映画作品に出演している。とくにここで注目したいのは，『トゥルーマン・ショー』（1998年公開），『ライアー ライアー』（1997年公開），『イエスマン"YES"は人生のパスワード（以下，イエスマン）』（2008年公開）という３本の作品である。これら３作品を用いることで，「再帰性」を具体的に分かりやすく説明できるだろう。

2 「再帰性」とはいかなるものか——ジム・キャリーの映画作品を通して

（1）ジム・キャリー作品のあらすじ

　最初に，各作品のあらすじについて述べていくことにしよう。

　『トゥルーマン・ショー』は，ジム・キャリーが第56回（1998年度）のゴールデングローブ賞を受賞した作品で，彼の代表作の一つとも言えるものである（図補-1）。ジム・キャリーが扮するのは，トゥルーマン・バーバンクという主人

補　論　「再帰性」のメディア

公だ。トゥルーマンは、シーヘブンという離島で保険会社のセールスマンとして働く平凡なサラリーマンで、近隣の人に会ってもいつもにこやかな挨拶を欠かさない明るい人柄である。ある日、いつものように新聞を買おうとすると、亡くなったはずの父親を見かける。そこから彼は自分をとりまいている世界に何らかの違和感を覚え始める。いろいろ調べていくうち、自分の生活すべてが『トゥルーマン・ショー』というテレビのリアリティ番組で世界220カ国に放映されているものであったということに、トゥルーマンは気づく。家族も親友も俳優、シーヘブンという住む場所もテレビの巨大ドームのセットという、メディアによって100％つくりあげられた虚構の世界に彼は生きてきたのだ。トゥルーマンは、テレビセットである虚構の世界からの脱出を決意する。

図補-1　『トゥルーマン・ショー』ブルーレイ・ディスク表紙
『トゥルーマン・ショー』
Blu-ray：2,381円＋税
発売元：NBCユニバーサル・エンターテイメント
※2017年01月の情報です。

　次に取り上げる作品『ライアー ライアー』でジム・キャリーが演じるのは、フレッチャー・リードという、嘘八百をならべたて、どんな依頼であっても勝訴に導くというやり手弁護士である（図補-2）。今回の依頼人であるサマンサは、自分の浮気が原因で夫から離婚訴訟を起こされているのに、夫から財産を奪い取ろうとしている。フレッチャーは今回も、これまでと同じく嘘八百をならべたて勝訴を勝ちとることができると自信たっぷりである。ウソばかりつく姿勢は、私生活でも変わることがなく、そのため妻のオードリーは愛想を尽かし、息子のマックスをつれてすでに離婚している。それにもかかわらずフレッチャーは反省するどころか、深く愛しているはずの息子の誕生日パーティを女性上司との情事ですっぽかし、そのこともまたウソでごまかそうとするのであった。傷ついた息子のマックスは、「パパが一日だけでもウソをつきませんように」と神さまに願う。すると不思議なことに、フレッチャーは絶対にウソを

第Ⅲ部　ツーリズム・モビリティと再帰性

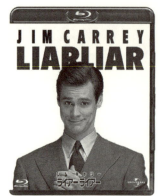

図補-2　『ライアー ライアー』
　　　　ブルーレイ・ディスク
　　　　表紙
『ライアーライアー』
Blu-ray：1,886円＋税
発売元：NBCユニバーサル・エンターテイメント
※2017年01月の情報です。

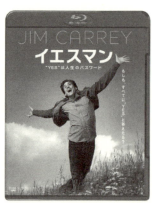

図補-3　『イエスマン "YES"
　　　　は人生のパスワード』
　　　　ブルーレイ・ディスク
　　　　表紙
出所：『イエスマン "YES" は人生のパスワード』ブルーレイ・ディスク

つけないようになってしまう。彼は法廷で苦境に追い込まれてしまうが，そのことで悪戦苦闘するうちに，ウソをついてまで勝訴を勝ちとることの愚かしさ，むなしさに次第に気づき始める。そのときすでに妻のオードリーは，息子マックスを連れて，彼女に再婚をせまっていたジェリーとともに飛行機で旅立とうとしていた。

最後に『イエスマン』という映画作品のあらすじも紹介しよう（図補-3）。ジム・キャリーが演じるのは，仕事でもプライベートでも「ノー」を連発する後ろ向きな男，カール・アレンである。そんな彼が，ある日，自己啓発セミナーの講演会に参加するはめになる。そこで，どんなときにでも「イエス」と言わなければ，災難がふりかかると言われてしまう。最初は半信半疑だった彼も，次第にどんなときにでも「イエス」を言うルールを自分に課すようになる。すると，不思議なことに，いろいろな幸運が彼に舞い込むようになる。偶然知り合った魅力的で自由奔放な女性，アリソンからも好意を持たれるなど，運気を上げていくカールであるが，どんなときにでも「イエス」を言うといったルールを課しているカールに大きな違和感を抱くアリソンから，自分に対する気持ちも，ただそのルールに従ったに過ぎないのかと詰問されることになる。

（2）映画作品に表現される「再帰性」

以上，3本のジム・キャリー主演映画作品のあらすじをみてきたが，これらには，ある共通点がある。それは，これらの作品すべてにおいて「再帰性」が色濃く表現されているということである。「再帰性」とは，「光が鏡にあたって自分自身に再び帰ってくるように，ある存在・行動・言葉・行為・意識がそれ自身に再び帰ってきて，ときにそれ自体の根拠を揺るがせてしまうこと」を指す用語である（図補-4）。これについて映画作品を通して，もう少し具体的に分かりやすく説明しよう。

図補-4　再帰性について
出所：筆者作成

『トゥルーマン・ショー』は，トゥルーマン・バーバンクの世界と同じように私たちの日常世界にも，メディアが奥深く入り込んでいる状況をうまく描写した作品である。だからこそ，多くの社会学者たちも，この映画をメディア論の教材として頻繁に用いてきた[2]。ただし，その状況を最もうまく描写しているのは，トゥルーマンという主人公を描いた部分ではない。

作品ではトゥルーマンがテレビセットから脱出していくプロセスもテレビに放映されており，それをテレビで見ていた視聴者たちは，脱出に成功した瞬間テレビの前から拍手喝采をおくる。ついに番組は終了し，同僚とピザを食べながら見ていたある視聴者が「番組表はどこだ？」とつぶやき，それでスイッチが切れるように画面が暗くなり，音楽とともにエンドロールが流れる。

ここに注目してみるならば，番組を見ているテレビの視聴者が，最後には映画で見られる存在となって作品が終了していることに気づくだろう。『トゥルーマン・ショー』という映画（＝メディア作品）で最後に見られていたのは，『トゥルーマン・ショー』というリアリティ番組を見ていた視聴者なのである。視聴者もまた見られるべき存在となっていくほどに，ことごとくがメディア化されている。映画は，そう強く印象づけるかのように終わっている。エンドロー

第Ⅲ部　ツーリズム・モビリティと再帰性

図補-5　『トゥルーマン・ショー』における再帰性
出所：筆者作成

ル直前のワンシーンにおいてこそ、「視聴者もまた視聴される存在となって、視聴する側－される側という関係性までも揺らいでしまう」というメディアの自己言及的な性質が「再帰性」として色濃く表現されているのである（図補-5）。

次に『ライアー ライアー』はどうか。これはウソをつくことではなく、真実を語ることの尊さを訴えた作品である。息子のマックスが神さまに祈った、「パパが一日だけでもウソをつきませんように」という願いがかなえられたために、主人公フレッチャー・リードはウソが言えなくなってしまい、法廷でも得意のウソがつけず悪戦苦闘する。次第に、ウソをついてまで勝訴を勝ちとることの愚かしさに気づき、元妻のオードリーともよりを戻し、妻子との三人の幸せな暮らしを取り戻す。こうみると、この作品は典型的なハッピーエンド・ストーリーで、映画のメッセージも「ウソではなく真実にこそ価値があるのだ」というきわめてシンプルなものにみえる。

だが、この作品にも自己言及的な「再帰性」が色濃く表現されている。ラストシーン間際、元妻のオードリーは息子をつれて、恋人ジェリーとともに飛行機で旅立とうとする。フレッチャーは、その飛行機を追いかけてとめ、オードリーにもう一度やり直してもらえないかと頼む。彼女はフレッチャーが真実の価値に目覚めたことを知り、彼のもとへと戻っていこうとするのだが、一人残されたオードリーの恋人ジェリーは自分の気持ちに反して微笑みながら、「ぼくは仕事があるから行くよ／気が変わったらきみも／パパが戻った」と、オードリーに優しい言葉をかけるのである。

もしここでジェリーが彼らのことを祝福しないで、嫌味を言い続けたりしたら、この物語はかなり後味悪いものとなったはずだ。とするならば「ウソではなく真実に価値がある」というメッセージを中核にすえた物語をハッピーエンドたらしめているのは、自分の気持ちに反する言葉＝「ウソ」を最後に口にし

補　論　「再帰性」のメディア

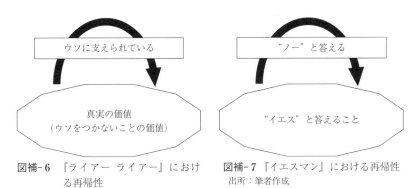

図補-6　『ライアー ライアー』における再帰性
出所：筆者作成

図補-7　『イエスマン』における再帰性
出所：筆者作成

てくれたジェリーの存在ではないか。このように考えるならば、「ウソをついてはいけない」というメッセージが、「ウソ」に支えられているのである（図補-6）。このような「再帰性」が、『ライアー ライアー』という作品にはみてとれるのである。

『イエスマン』も、「再帰性」を色濃く表現した作品である。彼は、どんなときにでも「イエス」と言うことで、いろいろな幸運を手にするようになる。バンジージャンプに挑戦することも、韓国語を習うことも、何に対しても"イエス"と答える。それは、主人公カール・アレンが心から望んで"イエス"と言っているのではなく、自己啓発セミナーの講演会でそうするようすすめられたからである。だからこそ恋人となったアリソンからも、自分に対する気持ちも、ただそのルールに従っただけだったのかと詰問されることになったのだ。

もし自己啓発セミナーの講演会で、何に対しても"ノー"と答えるようにすすめられていたのなら、彼はそうしたのではないか。この映画では、すべてに"イエス"と答えることが、すべてに"ノー"と答えることと等価になっているように思われるのである。この映画を見ていくにしたがって、"イエス"と答えることに違和感をおぼえる（＝"ノー"と答える）ようになってしまう。すべてに"イエス"と答えることそのものに"イエス"を言わないという「再帰性」が表現されているといえよう（図補-7）。

第Ⅲ部　ツーリズム・モビリティと再帰性

3　再帰的な近代

　以上，ジム・キャリー作品を用いて「再帰性」を説明してきたが，実は，それは近代社会を特徴づけるものとして非常に重要なものである。
　これについて以下では，イギリスの社会学者 A. ギデンズとドイツの社会学者 U. ベックの所論を通してみていくことにしよう。両者はともに，「再帰性」を軸にしつつ近代社会を読み解いている社会学者である。
　まずギデンズによれば，近代社会において，「自分」というアイデンティティが再帰的になっているとされる。(3) かつての伝統社会においては，「自分は何者なのか？」は，生まれた身分や家族，地域などといった外的な基準によって，ある程度決められていた。どの家族に生を受けたのかによって誰と結婚することができるのかが決まり，どの身分に生まれたのかによってどのような職業につくことができるのかが可視化されていた。人びとはほとんど移住することもなく，一つの地域で一生を過ごし，みずからが生きる場所の伝統を継承しながら暮らしをいとなんできた。
　だが近代社会が成立して以降，事態は変わり始める。人びとは，生まれた身分や家族，地域などから解き放たれ，職業，結婚，居住地，ライフスタイルなどを自由に選択できるようになった。自分たちが埋没してきた身分制度，地域，伝統の束縛から自由になったのである。ギデンズは，これを「脱埋め込み化」と表現する。そのことによって同時に，「自分は何者なのか？」という問いは，身分，家族，地域などといった外的な基準によって答えることのできるような，自明なものではなくなってしまったのだ。
　そのため近代に生きる私たちは，外的な基準によってではなく，自分自身の内側で絶えず「自分は何者なのか？」を問い続けていかなくてはならなくなっている。どのような職業を選ぶのか，誰と結婚するのか，そもそも結婚をするのか，しないのか，どこに住むのか，どのようなものに価値をおき，どのようなライフスタイルを選択するのか，どんなファッションを身にまとい，どんな

ヘアスタイルを選ぶのか。こうした自分自身のあり方を絶えず自覚的にモニタリングし、「自分は何者なのか？」に関わる物語を紡ぎ続けていかなくてはならなくなっているのである。

「自分」の中身が、外的な基準によって形成されるのではなく、「自分とは何者なのか？」と自分自身に反省的に問い続けることで形成される。近代が深まりをみせるにしたがって、「自分」というアイデンティティはますます再帰的なものになっていく。そうギデンズは主張する。性も同様である。自分が男性なのか、女性なのか、それともそのどちらでもあるのか、どちらでもないのかという、性をめぐるアイデンティティは、近代の深化とともに自明なものではなくなる。みずからの性は、その都度、自身のセクシュアリティにおいて選択され、構築されるものとなっているのだ。近代において「自己アイデンティティは再帰的に組織される試みとなる」。ギデンズは、このように自己が自己をモニタリングし問い続けるという「再帰性」に注目し、それをもって近代社会の特徴と考えた。

次にベックの所論をみていこう。ギデンズがどちらかというとアイデンティティや自己意識に関する「再帰性」を取り上げているのに対して、ベックにあっては、その側面は希薄である。もちろんアイデンティティや自己意識に関する「再帰性」の問題は、彼の議論にも見出すことはできる。たとえば彼は「個人化」という言葉を用い、近代社会の成立以降、伝統や地域から解き放たれ、これまで確実であるとされてきた知識や規範が揺らぎ始め、「個人」としての判断や選択を要求されるようになったことを主張している。そこから、アイデンティティや自己意識に関する「再帰性」に関する議論を展開してもいる。

だがベックの議論では、「リスク社会」という言葉の方に、よりいっそう注目するべきであろう。近代は、成熟するとともに、「産業社会」から「リスク社会」へと移行しつつあると彼は主張する。近代が成立して以降、ドイツの社会思想家 T. アドルノが同僚の M. ホルクハイマーとともに著した『啓蒙の弁証法』で展開したような文明化のプロセスが生まれた。それは、自然を切りひらき文明を築き、人間の手が加えられていない自然や伝統といった闇の部分に光をあて

第Ⅲ部　ツーリズム・モビリティと再帰性

る（lighten）といったもので，まさに科学技術を応用した「産業社会」化のプロセスそのものであった。

こうした文明化＝産業社会化は，「野蛮さ」の対極にあるものだと考えられがちであった。人間がこれまで歴史の中で行ってきた最も「野蛮」な行為だとされる，第2次世界大戦時にナチスドイツによってポーランドのアウシュヴィッツ強制収容所において行われたホロコースト（ユダヤ人大量虐殺）などは，文明が不徹底であったがゆえに起こってしまったのだと考えられてきた。だがアドルノやホルクハイマーも主張するように，文明化＝産業社会化とは，自然を支配したり，みずからが理想だと考える方向へ他者をコントロールしたりすることをはじめから含みこんでしまっている。文明の役割は，自然や他者をコントロール可能な道具であるかのように見なす理性（道具的理性）を発達させることにあった。それゆえ文明は本来的に，自然や他者に対する「野蛮」なふるまいにほかならないのである。その意味で，アウシュヴィッツのホロコーストは，文明の不徹底によるものではなく，文明化されたがゆえの必然的な帰結なのである。[7]

このように文明化＝産業社会化のプロセスが進み，近代がますます徹底されればされるほど，私たちはますます自然や他者を支配し，人間社会の内部に自然や他者を取り込み，従属させていくようになる。原子力エネルギーもその一つだ。原発の事故によるリスクは，私たちが原子力エネルギーという自然をみずからのもとに支配し利用しようとしなければ絶対に起こりえなかった事態である。その意味でチェルノブイリや福島における原発事故は，人間の「外部」にある自然がもたらしたものではなく，人間の「内部」に取り込まれた自然，すなわち人間社会そのものがもたらしたものであると言うことができる。環境破壊というリスクも同様であろう。さらにはテロ行為も，私たちが他者を支配し従属させようとするからこそ生じるという意味では，私たち人間社会がみずから生みだした「リスク」なのである。

こうして，近代において人間社会は，自分自身によって，みずからの存在を危うくさせ，大きく揺るがしかねないさまざまな「リスク」を生み出していく

ことになる。近代が文明化＝産業社会化を徹底させればさせるほど，すなわち近代を徹底的に近代化し，自然や他者を取り込もうとすればするほど（＝「近代の近代化」を推し進めればするほど），「産業社会」は「リスク社会」へと変容をとげ，その存在を危うくさせていくことになるのである。

4　観光の「再帰性」のレベル

「自己が自己をモニタリングする」というギデンズの議論においても，「近代がそれ自体を徹底的に近代化することで，近代そのものをリスクにさらす」というベックの議論においても，「再帰性」が近代社会を特徴づけるものとして重要となっているという点では共通している。このような「再帰性」は，社会のさまざまな領域においてみてとることができる。なかでも，それは観光現象において顕著なかたちで現れている。以下では，①観光主体のレベル，②観光対象のレベル，③観光行為のレベルに分類しながら述べていくことにしよう。

(1) 観光主体のレベル

まず観光の「再帰性」は，観光主体のレベル，すなわち観光客のレベルでみてとることができる。これについては，東京・秋葉原という観光地を事例に考えてみたい。[8]

近年，秋葉原は「おたく」のメッカとして知られるようになっている（図補-8）。「おたく」たちは，この場所に数多くある，アニメソフト，マンガ同人誌，フィギュア，美少女ゲームなどの専門店をめざしてやってくる。また，「おたく」たちが愛好する美少女アニメの分野には幼くて可愛い女の子がメイドとなって男性に仕えるストーリーをもつものがあり，それをもとにメイドの格好をしたウェイトレスがいるメイド喫茶と言われる喫茶店がつくられるまでになった（図補-9）。メイド喫茶は次第にその数を増やし流行現象となったが，とくに数年前からメイド喫茶で働いている女性たちが街に出て，ビラを配ったり宣伝活動をしたりするようになり，それを「おたく」たちが写真におさめるといった

第Ⅲ部　ツーリズム・モビリティと再帰性

図補-8　秋葉原の風景
出所：筆者撮影（2013.02.15）

図補-9　秋葉原メイド喫茶の看板
出所：筆者撮影（2007.03.24）

現象も現れ始めた。こうした風景が今や，秋葉原になくてはならないものになっている。

　この場所で「おたく」たちは観光客として，マンガ同人誌，アニメソフト，ゲーム，フィギュアなどを購入したり，メイド喫茶で働いている女性たちを写真におさめたりして，「おたく」の街の風景を観光において楽しんでいる。このとき「おたく」たちは，この場所を観光する主体であるとともに，「おたく」の街・秋葉原になくてはならない風景の一部として観光で見られるべき対象にもなっている。「おたく」たちが観光していることも含めた風景を，観光主体である「おたく」たちが観光（消費）するという「再帰性」がここで現れているのである。

補　論　「再帰性」のメディア

図補-10　観光客でにぎわう由布院・湯の坪通り
出所：筆者撮影（2007.12.03）

図補-11　由布院・湯の坪通りのショップ
出所：筆者撮影（2007.12.03）

（2）観光対象のレベル

　次に，観光対象のレベルを考えてみよう。その際，事例としては大分県由布院を取り上げたい。

　由布院は豊かな温泉がわきでる観光地で，今や観光まちづくりの成功事例として多くの観光研究者にも取り上げられている。しかしかつては，近くの別府温泉と比べると大勢の団体客に対応できるような規模のホテルや旅館もなく，団体観光客が遊べる歓楽街もなかった。

　だが当時由布院におけるまちづくりの青年リーダーであった旅館経営者の志手康二，溝口薫平，中谷健太郎らは，ここに以前から存在していた静かな温泉宿，雄大な自然，のどかな田園風景といったものこそが，今後，地域を守り育てていくためには必要になると考えた。由布院は「緑（美しい風景）と静けさ」を守り，それらを観光対象としてみがきあげ，そうすることで観光まちづくりをすすめてきたのである。そうして次第に，由布院は静かな温泉宿，雄大な自然，のどかな田園風景，すなわち「緑（美しい風景）と静けさ」を魅力とする観光地として，全国にその名をとどろかすようになっていったのである。[9]

　だが観光まちづくりに成功すればするほど，あまりに多くの観光客がここを訪れるようになり，逆に「静けさ」が失われたという声が観光客や地域住民たちから聞かれるようになった。また観光客を当て込んで，湯の坪通り等に観光

第Ⅲ部　ツーリズム・モビリティと再帰性

図補-12　札幌時計台
出所：筆者撮影（2012.11.04）

図補-13　高知はりまや橋
出所：筆者撮影（2013.02.22）

みやげ店，キャラクター・ショップ，レストラン，カフェなどが次々と開店し，由布院の風景を変えてしまうようにもなった（図補-10・11）。「緑（美しい風景）と静けさ」を観光対象として守り育てるよう徹底させ，それに成功すればするほど，当の「緑（美しい風景）と静けさ」が失われていく――，そうした観光対象のレベルにおける「再帰性」が，ここでは顕在化するにいたったのである。

（3）観光行為のレベル

　最後に観光行為のレベルにおける「再帰性」について検討してみよう。これについては，「がっかり名所ツアー」を事例に取り上げたい。

　「がっかり名所」とは，観光スポットとして有名であるにもかかわらず，実際に行ってみると，期待していたほどではなく「がっかり」してしまうような場所を言う。観光スポットには，こうした「がっかり名所」とされている場所がいくつかある。たとえば「世界三大がっかり名所」であるとされているのは，ブリュッセルの小便小僧，コペンハーゲンの人魚姫，シンガポールのマーライオンである。日本にも「三大がっかり名所」があり，それが札幌の時計台（図補-12），高知のはりまや橋（図補-13），長崎のオランダ坂（長崎のオランダ坂ではなく，沖縄の守礼門を挙げる人もいる）である。

　ある場所が「がっかり名所」であるというラベリングをされることは，通常であれば観光にとってマイナスのことで，地域住民にとっても，観光産業にと

っても避けたいことであるはずだ。観光客もせっかく楽しみにして訪れたのに,「がっかり」するようなことはしたくないだろう。しかしながら近年,観光客の中で,こうした「がっかり名所」を好んで旅する人たちが現れ始めている。

彼らはその場所が本当に「がっかり」するようなものであることを自分の目で確認し,その「がっかりする」ことを楽しむ。彼らにとっては,その観光スポットが「楽しめないもの」すなわち「がっかりするもの」でなくてはならないのである。彼らにとって,自分たちが訪れた観光スポットが「楽しめるもの」であってはならないのだ。「がっかり名所」ツアーを好んでする観光客たちは,「楽しめないこと」を楽しんでいるのである。もしも訪れた観光スポットが立派なもので楽しいものであれば,彼らは「せっかく,がっかり名所に来たのに,がっかりできないなんて,がっかりだ!」と不満を口にするだろう。

このような「がっかり名所」ツアーの事例をみると,観光するという行為は「楽しむ」ことが基本であるはずだが,その行為じたいが非常に「再帰的」な特徴を帯び,「楽しめない」ことを「楽しむ」ようになっていると言えるだろう。

5　近代における「再帰性」のメディアとしての観光

以上みてきたように,観光は,主体,対象,行為の各レベルで「再帰性」を深めつつある(もちろん各レベルの「再帰性」は別々にあるものではなく,相互に複雑に絡み合っている)。

だが,観光それ自体が「再帰性」を帯びつつあるというにとどまらない。観光は,社会の諸領域にリンクし,影響をあたえ,シンクロしつつ変化をもたらし,近代を深化させる現象になっている。たとえばアニメやマンガという文化的コンテンツがアジアや欧米など諸外国で消費されるようになるというポップカルチャーのあり方は,国内外から観光客を呼び込むコミックマーケットやコスプレ・イベントを抜きに考えられなくなっている。ポップカルチャーだけではない。第3章でみたように,「伝統文化」とされているものも,観光によって大きく影響され,そのすがたを変化させている。たとえばバリのケチャダンス

をはじめ,「伝統」的とされている舞踏が他国からやってきた観光客用に創造されたものであることは少なくない。観光は,メディア,文化,地域,伝統をはじめ社会のさまざまな領域に対して少なからぬ影響を及ぼしているのである。

まさに,そのようなものであるがゆえに,前章でもみたように観光は,社会のあらゆる領域に「再帰性」を媒介し伝達し浸透させていく現象になりつつある。メディアとは「媒介するもの」「伝達するもの」という意味の言葉だ。そうだとすれば,観光は「再帰性」のメディアとして,近代そのものを駆動させ徹底させていくドライブになっているのではないか。[11]

注
(1) トゥルーマンが近隣の人たちにいつも挨拶で決まって言うセリフ「おはよう! そして会えない時のために,こんにちは,こんばんは,おやすみなさい!(Good morning, and in case I don't see ya, good afternoon, good evening, and good night!)」は,ジム・キャリーが自分で考えたものであるらしい。このセリフはラストシーンで活きてくることになる。
(2) たとえば北田による著書では,その第1章において,『トゥルーマン・ショー』を通して広告と都市のあり方を分析している(北田暁大『増補 広告都市・東京──その誕生と死』筑摩書房,2011年。
(3) 長谷川公一・浜日出夫・藤村正之・町村敬志『社会学──Sociology : Modernity, Self and Reflexivity』有斐閣,2007年,71-73頁。
(4) ギデンズ,A./秋吉美都・安藤太郎・筒井淳也訳『モダニティと自己アイデンティティ──後期近代における自己と社会』ハーベスト社,2005年,5頁。
(5) ベック,U./東廉・伊藤美登里訳『危険社会──新しい近代への道』法政大学出版局,1998年。
(6) ホルクハイマー,M.&アドルノ,T.W./徳永恂訳『啓蒙の弁証法──哲学的断章』岩波書店,2007年。
(7) 遠藤英樹『現代文化論──社会理論で読み解くポップカルチャー』ミネルヴァ書房,2011年,60-63頁。
(8) 遠藤英樹『ガイドブック的! 観光社会学の歩き方』春風社,2007年,125-133頁。
(9) 桑野和泉『由布院温泉──『前向きな縮小』で原点回帰のまちづくり』『AERA Mook 観光学がわかる。』朝日新聞社,2002年,木谷文弘『由布院の小さな奇跡』新潮社,2004年。

⑽　宇野は，アニメやマンガのコンテンツを消費するあり方は，コンテンツだけに注目するだけでは解明できず，コミックマーケットをはじめとするコミュニケーション様式を考察する必要があると指摘している（宇野常寛『日本文化の論点』筑摩書房，2013年）。その際，観光がはたす役割は非常に大きいのではないだろうか。第2章でも述べたように，ポピュラーカルチャーについて観光を抜きに明らかにすることは不可能になっているといえる。

⑾　たとえば観光地はテロの標的になりやすい。観光がテロ行為とのインターフェイスを濃密にもってしまうことで，「再帰性」の帰結としての「リスク社会」化がより進展するといった側面も否定できないだろう。

| 終　章 | モバイル資本主義を超える「遊び」=「戯れ」の可能性
——観光の快楽をめぐる「外部の唯物論」 |

1　観光の可能性

　資本主義は，私たちの欲望を駆動させ人びとの社会関係のあり方までも変容させてしまう〈力〉をもっている。1968年パリ五月革命の学生運動において注目を浴びたG.-E.ドゥボールは，私たちが大企業の提供する資本主義的な商品に取り囲まれており，それを心地よいものとしてマスメディアが呈示する快楽に浸っているとし，そうして形成されている現代社会を「スペクタクル（見せ物）の社会」と名づけている[1]。

　とくに国民国家的枠組みの存在を前提とした「産業資本主義」から，人，モノ，資本，情報，知が絶えず移動するグローバルな「モバイル資本主義」へと，資本主義的形態が変容を遂げていくとともに，そうした傾向が強まってきた。その中で，音楽，アニメ，演劇をはじめとする文化的実践も，モバイル資本主義のシステムの中へと回収され，飼い馴らされてきた。観光も同様である。観光もまた，そのシステムに組み入れられ，さまざまな幻想の快楽を人びとに提示してきたのである。

　本書はこれまで，これら観光のメカニズムを社会とのかかわりの中で分析してきた。だが観光社会学には現在，それだけにとどまらず，資本主義を超える新たな社会を構想する原理を観光が〈可能態〉として生み出していることも考察していく必要があるのではないか。観光における社会＝文化的メカニズムの分析（Seinの学）だけではなく，〈現実態〉としての観光を生成している資本主義を批判し乗り越えていくための，〈来るべき社会〉の考察（「Sein／Sollen」という枠組みを超えた学）を展開していくこと，このことがこれからの観光社会学に

はもとめられているように思われるのだ。

　本章は，その試みの端緒に位置づけられるものである。その際，本章では，観光が〈可能態〉としてみせる，快楽をめぐる「外部の唯物論」を基軸としていきたい。以下では，まず「外部の唯物論」とは何かを論じ，それが快楽とどのように関係するのかを検討する。つぎに，資本主義のもとで展開される観光が創出する快楽と，「外部の唯物論」とは無縁であったことを指摘し，〈現実態〉としての観光が資本主義のもとで提示してきた快楽の位相を論じる。最後に観光を〈可能態〉としてとらえた場合，観光は「遊び」＝「戯れ」の可能性を内在させており，快楽をめぐる「外部の唯物論」に架橋し得ることを指摘し，観光のコンヴィヴィアリティをキーワードとした社会構想を展開し得ることを述べていく。

　このように本章は，快楽をめぐる「外部の唯物論」を基軸に観光社会学を展開＝転回し，その新たな可能性を模索することを目的とするものである。

2　快楽をめぐる「外部の唯物論」

（1）「外部の唯物論」とは何か

　まず「外部の唯物論」とは何なのか。これについて，本章では，K.マルクスの学位論文『デモクリトスの自然哲学とエピクロスの自然哲学の差異』を中心にみていくことにする。

　マルクスは「外部の唯物論」を追求し続けた人物であり，彼の諸著作は「外部の唯物論」を理解することなく読むことは決してできない。しかも彼の学位論文では，「外部の唯物論」がエピクロス的快楽と結びつけられるかたちで論じられている。観光研究にとっていささか唐突な印象の人物であるマルクスの思想を，彼の著作の中ではマイナーとも言える学位論文を中心に論じながら，本章を書きおこしていく理由はここにある。

　マルクスは学位論文において，古代ギリシア哲学をテーマとしつつ，デモクリトスと対比させてエピクロスの自然哲学にみられる特質について考察してい

終　章　モバイル資本主義を超える「遊び」＝「戯れ」の可能性

(2)
る。デモクリトスの自然哲学とエピクロスの自然哲学は非常によく似ていると一般的に言われている。デモクリトスもエピクロスも感覚的世界に重きをおき，万物は微細な粒子が集合したものであるという「原子論」を展開している。マルクス・トゥッリウス・キケロによると，エピクロスの「原子論」はほとんどデモクリトスの「原子論」を引き写したコピーに過ぎないとされているほどである。

だが実は，デモクリトスの自然哲学とエピクロスの自然哲学，両者には微細ながらもきわめて本質的な違いがあるとマルクスは主張する。両者を対比して最も異なっているのは，エピクロスの〈否定性〉へのこだわりにあるとマルクスは述べる。一例を挙げるなら，「原子の逸れ」がそれである。

　「エピクロスは，原子が空虚の中を三つの方法で動くと考えている。まず原子は直線的に落下する。次に原子は，直線から逸れて動く。第三の運動は，多数の原子の反跳によって生じる。最初と最後の運動については，デモクリトスもエピクロスと同じように考える。エピクロスがデモクリトスと異なるのは，原子の直線から逸れる動き（デクリナティオン）を想定していることにある。」
(3)

　「原子に対立させられている相対的な存在，原子が否定しなければならないこの存在のありかたは，直線である。この直線的な運動を否定するのは別の運動である。この別の運動を空間的に考えると，これは直線からの逸れとなる。」
(4)

原子の直線運動はつねにその〈否定性〉としての「逸れ」とともにあり，〈否定性〉としての「逸れ」を媒介することによってはじめて，原子の直線運動は実現される。エピクロスは，このような〈否定性〉の可能態にこだわった哲学者だとマルクスは評価する。

マルクスが学位論文で取り出した，この〈否定性〉の可能態をみつめる視点，それがのちにマルクスが「外部の唯物論」を展開するうえで重要となったので

はないだろうか。

のちにマルクスは，盟友F.エンゲルスとともに『ドイツ・イデオロギー』において，「現実的な世界」から生みだされるもの（経済システム，政治体制，イデオロギー的幻想，常識的枠組み等）は哲学的理念や宗教的なぐさめによって乗り越えられることは決してできず，「現実的な世界」によってでしか乗り越えることができないと自分たちの唯物論立場を宣言している。その際，彼はつねに，「現実的な世界」の只中において，そこから生みだされるものの外部への跳躍地点となる〈否定性〉の可能態を軸とする視点をもち続けているように思われるのだ。(5)

たとえば『経済学批判要綱』において，マルクスは資本主義の〈否定性〉としての労働を取りだしている。勃興しつつある産業資本主義を前に，彼は労働に注目し，それこそが「資本の対立的定在」なのだと表現している。(6) そのうえで，こうした産業資本主義の〈否定性〉としての労働，〈否定性〉の体現者としてのプロレタリアートといった地点を媒介してのみ，「現実的な世界」すなわち資本主義から生みだされるものが抱える諸矛盾や諸問題は「実践的に革命」(7)され，資本主義の外部へと，その向こう側へと跳躍することができると主張したのだ。

このように「外部の唯物論」とは，「現実的な世界」から生みだされるものの外部，向こう側への跳躍地点となる〈否定性〉の可能態を，唯物論的に「現実的な世界」の只中において発見する視点のことであると定義できよう。(8) マルクスがこの視点を形成するうえで，学位論文『デモクリトスの自然哲学とエピクロスの自然哲学の差異』は大きな役割を果たしていたと言える。

（2）「外部の唯物論」と快楽

さらに『デモクリトスの自然哲学とエピクロスの自然哲学の差異』においては，「外部の唯物論」がエピクロス的快楽と結びつけられるかたちで論じられている。このことには非常に重要な論点が含まれている。マルクスはエピクロス的快楽にふれて以下のように論述している。

終　章　モバイル資本主義を超える「遊び」＝「戯れ」の可能性

「エピクロスにとって，行為の目的は苦痛と混乱を抽象して，〈逸れて〉いく［筆者加筆：苦痛と混乱を否定する］こと，すなわち心の平静（アタラクシア）にある。そして善とは，悪から逃れる［筆者加筆：悪を否定する］ことであり，快楽とは苦痛から身を逸らす［筆者加筆：否定する］ことである。最後に抽象的な個別性が最高の自由と自立性として，その全体性において現れる場所では，いかなる存在者としてのありかたも避ける［筆者加筆：否定する］べきだということになる。だからこそ神々は世界から身を逸らせ［筆者加筆：世界を否定し］，世界について思い患うことなく，世界の外部に住んでいるのである。…（中略）…人間が神々を敬うのはご利益があるからではなく，神々の美しさ，その威厳，その卓越した本性のゆえに敬うのである。…（中略）…アリストテレスも『至高の者は，いかなる行為も必要としない。みずからが目的なのだから』と語っていたのである。」(9)

ここで「快楽（pleasure）」は，苦痛の〈否定性〉として，「世界の外部」，世界の向こう側へと跳躍する地点として描かれている。マルクスはのちに一貫して，資本主義の〈否定性〉としての労働，〈否定性〉の体現者としてのプロレタリアートといった地点を跳躍地点として，資本主義の外部，その向こう側へと越え出ていくことができると主張していたが，実は「快楽」もまた，「現実的な世界」すなわち資本主義に穿たれた〈否定性〉ではないか。

マルクス自身は多分，このことに，あまり意識的ではなかったであろう。だが彼が意識していないところで，彼の学位論文には確実に，快楽をめぐる「外部の唯物論」が展開されているのである。もちろん快楽もまた，「現実的な世界」の回路を経て生成している。だが人びとの五感と密接に関わる快楽は，より原初的な自然，物質そのもの，S.フロイトの言葉を用いて言うならば「エス」という「無意識の熱きエネルギーの大海」に触れるものとして，「現実的な世界」すなわち資本主義の〈否定性〉となる可能性を秘めている。(10)

とくに快楽それ自体を目的として追求される時，「現実的な世界」は大きく揺るがされることになるだろう。快楽が自己目的化し，ただそれが快楽であると

いうことだけを理由に追求されるならば,「現実的な世界」から生み出されるような経済システム,政治体制,イデオロギー的幻想,常識的枠組み等々を維持・存続させることは困難となるはずだ。なぜならば「現実的な世界」は「目的－手段」の無限の連鎖（ループ）から成り立っており,たとえば一生懸命に再び働けるようになるため一時の快楽をもとめるという風に,快楽も何かの手段として位置づけられなくてはならないからである。(11)

近代的な資本主義社会が生みだした理性的な思考,すなわち〈知〉にとっては,「後に来る時を予測してそこに到達しようとするのではなく,この時それ自体として価値づけられる部分…（中略）…は,考えようのない異質性である」。G.バタイユはこうした〈否定性〉を「非知」と名づけている。(12)

バタイユの「非知」のごとく,快楽がただ快楽であるという理由だけでもとめられるならば,「現実的な世界」の意味は奪われ,無－意味化する。理性は揺らぎ,非－理性が浮かび上がる。「現実的な世界」を維持する真面目さはしりぞき,不－真面目さが前景化する。快楽をもとめることは,無－意味で,非－理性的で,不－真面目な,ただの「遊び」＝「戯れ（jeu）」となってしまう。だが,いや,だからこそ,この純粋な「遊び」,純粋な「戯れ」こそ,「現実的な世界」から生みだされるものの外部,向こう側への跳躍地点となる〈否定性〉の可能態となるのである。快楽をめぐる「外部の唯物論」は,このことを強調する視点である。

エピクロスは「原子の逸れ」によって生じる,原子間の「偶然の出会い」「偶発的な運動」を「クリナーメン」と呼んでいるが,「クリナーメン」もまた「戯れ」「遊び」をエピクロス的に表現したものでなかったか。

快楽はこのような「遊び」のもとで,より原初的な自然,自然それ自体,物質そのもの,「世界の深奥」に人びとをいざない,笑いをひきおこす。それは,「現実的な世界」すなわち資本主義のもとで生成する,資本主義の〈否定性〉,理性的な近代社会の〈否定性〉となり得る。その場合,快楽は,「現実的な世界」に力（権力）を与えたり与えられたりするものでなく,また力（権力）を奪ったり奪われたりするものでもない。それは〈力〉を所有＝収奪することに関わる

終　章　モバイル資本主義を超える「遊び」＝「戯れ」の可能性

社会的な装置ではなく，快楽が〈力〉そのものとして，世界の〈構造〉を外部へと引き裂くのである。[13]

3　資本主義の内部にある観光の快楽

では，以上のような快楽をめぐる「外部の唯物論」が，観光において実現されることがあり得るのだろうか。

（1）観光と資本主義

たしかに快楽は，観光においても重要である。観光はとくに五感と密接に関わっており，名所を「見たり」，名物料理を「食べたり」，潮の香りを「かいだり」，祭りの音を「聴いたり」，郷土品を「触ったり」等，五感を通して観光客の快楽を刺激している。だが，観光によって形成される快楽は，そのままで，資本主義の〈否定性〉，理性的な近代社会の〈否定性〉として，資本主義から生みだされるものの外部，向こう側への跳躍地点となり得ることは決してない。逆に，近代的な観光が成立してきた時期からずっと，観光は資本主義の内部にあって，資本主義を支え続けてきたのである。

本城靖久『トーマス・クックの旅――近代ツーリズムの誕生』によると，近代的な観光のかたちが形づくられたのは，19世紀中頃，資本主義の勃興期のイギリスでトーマス・クックが団体旅行を企画したことにまで遡る。[14] 当時イギリスでは，原蓄積＝原収奪のプロセスによって，労働者は故郷の地から切り離され，都市に移住するようになり，みずからの労働力を商品として売るしかなくなり，プロレタリアート階級として工場で過酷な労働に従事するようになっていた。労働者たちの仕事の過酷さについて，マルクスも1日18時間働き続けた少年たちの事例を挙げ，『資本論』で以下のように記述している。

「資本は，剰余労働にたいするかぎりない盲目的衝動，その人狼的渇望をもって，労働日の道徳的最大限度のみではなく，純肉体的最大限度をも，

145

図終-1　トーマス・クック
出所：http://museum.world.coocan.
jp/（2016.08.27アクセス）

踏み越えるのである。資本は，身体の成長，発達，および健康維持のための時間を，強奪する。それは，外気と日光とを吸い込むために必要な時間を取上げる。それは，食事時間を値切り取り，できれば，それを生産過程に合体させ，かくして，労働者に食物が与えられるのは，汽罐に石炭が与えられ，機械装置に脂肪や油が与えられるように，単なる生産手段としての彼に，与えられるのである。」(15)

　イギリスの工場で，これほど過酷な労働に従事していた労働者たちが，楽しみにしていたものに飲酒があった。酒を飲んでいる時は，彼らは日頃の辛さから解放されることができた。そのため休日にもなると大酒を飲む労働者たちが増え始め，翌日の労働ができなくなり工場の操業に支障が出るというケースも次第に目立つようになった。これを憂慮し，資本家階級の中から禁酒運動を励行する者が現れてきたが，トーマス・クックはプロテスタント・バプティスト派の布教師として，その禁酒運動を展開する一人だったのである（図終-1）。

　1841年クックは禁酒運動の大会に信徒を多数送りこめるようチケットをできるだけ安く一括手配するべく，ミッドランド・カウンティーズ鉄道会社を訪れパッケージツアーを企画した。これ以降，アルコールの摂取にかわる健全な娯楽を提供するという趣旨で，彼は世界初の旅行代理店トーマス・クック社をたちあげ，近代的な観光のかたちをつくりだしたのである。パッケージツアーによってチケットを大量に仕入れ薄利多売することで，それまで上流階級に限定されていた旅行が大衆のものとなった。これが，近代的な観光のかたちであるマスツーリズムの出現につながっていく。

　このように実際に展開されてきたような観光のあり方，〈現実態〉としての観

終　章　モバイル資本主義を超える「遊び」=「戯れ」の可能性

図終-2　トーマス・クック・グループ公式サイト
出所：https://www.thomascookgroup.com/（2016.08.27アクセス）

光は，労働を補完し，再び元気を取り戻し労働の場に還っていくための「余暇（労働した後のあまった暇な時間）」を創出する社会的装置に他ならず，無-意味で，非-理性的で，不-真面目な，ただの「遊び」=「戯れ」とはまったくもって異なるものだった。観光と資本主義のこのような関係は，その後も変わらない。その後，資本主義が深化していくとともに，観光も深化していく。戦後1950年代から1970年代にかけて，マスツーリズムは，成熟の度を深める資本主義を支えるものとして，ほぼ現在と同じようなかたちを整え完成されていく。(16)

さらに資本主義は1980年代以降，公害問題や経済格差等，みずからが生みだしてきた負の側面にも目を向け，それらをも包摂し得るような再帰的でモバイルな資本主義へと変容していく。(17)これにつれて観光も，資本主義の負の側面に目を向け，これらを包摂し得る観光のあり方を模索しようという動きが，1980年代以降見られるようになる。これが，「持続可能な観光（Sustainable Tourism）」という観光のかたちである。持続可能な観光が基本理念としているのは，①「持続可能であること（sustainability）」と，②「ソフト・ツーリズムであること」だ。

①「持続可能であること」とは，地域における自然・文化環境を保全してこそ，観光は子どもたち，孫たちの世代にまで持続可能なものとなるという考え

147

方である。②「ソフト・ツーリズムであること」とは、地域住民とツーリストとの相互理解を重視し、訪問先となる観光地の文化的伝統を尊重するとともに、可能なかぎり環境を保全していこうとする考え方である。地域の自然、文化、生活などを破壊することに手をかしてきたマスツーリズムに代わって、「エコツーリズム」「グリーンツーリズム」等といった観光のあり方が、大切だとされるようになったのである。

これら持続可能な観光は、みずからが生み出してきた負の側面に目を向け、それらを包摂するような「再帰的」なメカニズムを有する資本主義を維持するための、社会的装置の一つとして機能するものであった[18]。したがって観光は、マスツーリズムであれ、持続可能な観光であれ、徹頭徹尾、資本主義の内部にあって、それを支えるのだといえよう。

（2）イマジナリーな幻想の快楽

以上みてきたように、観光は、実際の歴史において、これまで資本主義の外部を志向することはなかった。〈現実態〉としての観光は、快楽をめぐる「外部の唯物論」とはずっと無縁であり続けてきたのである。しかし観光という現象が、五感を通して人びとの快楽を刺激することも事実である。

それならば、〈現実態〉としての観光が提供する快楽とは、快楽をめぐる「外部の唯物論」において強調されていたような快楽とどう違うのだろう。観光の快楽は、どのような位相にあるものなのだろうか。

精神分析学者J.ラカンの用語を借りて言えば、〈現実態〉としての観光が提供する快楽、観光の快楽とは、「想像界」の位相にあるものだと言えるのではないだろうか。ラカンによれば、私たちの世界は「現実界」「象徴界」「想像界」の3つの層が折り重なって成り立っているとされる[19]。その内の一つである「現実界」は、意味の剥ぎとられた、私たちが「不気味さ」「おぞましさ」を感じる層である。資本主義に引き寄せて言うならば、私たちの同情心や幻想などはじき飛ばされてしまうような資本主義のリアル、たとえば第三世界における「貧困そのもの」、テロや戦争の現場でたちあがる「砲弾の煙そのもの」等がそれで

ある。「象徴界」は，社会の約束事，法，倫理などが支配する層で，資本主義のメカニズムや法則などがこれに相当する。「想像界」は夢や願望やイメージによってつくられている層で，資本主義のもとで快適に生きることができるよう創出される幻想がこれだ。

　斎藤は，映画『マトリックス』を例に用いて，これら「現実界」「象徴界」「想像界」を非常に上手く，かつ分かりやすく説明している[20]。『マトリックス』の舞台は2199年に設定されており，そこではすべての人間は巨大なコンピュータの「熱源」としてコードで繋がれ培養されている。人間たちは眠らされコンピュータが創りだす偽物の世界，幻想の中で一生を過ごす。この仮想世界が「マトリックス」と呼ばれる。その中でたまたま目覚め，「マトリックス」の存在に気づいた人間が反乱軍を組織しコンピュータと戦うというストーリーで，主人公ネオはその反乱軍の救世主となる運命を帯びている。この映画を用いて言うならば，「想像界」とはコンピュータが創りだすイマジナリーな幻想のことであり，「象徴界」とはそうした幻を人間に見せているコンピュータプログラムである。そして「現実界」とは，目覚めた人間が目にすることになる，幻想が剥ぎとられた「不気味」で「おぞましい」砂漠のような現実である（ネオが覚醒し，今まで自分が見ていたものがコンピュータの創りだした幻想に過ぎなかったと気づく時，反乱軍のリーダーが語りかける「ようこそ，砂漠の世界へ」という言葉は，「現実界」の「不気味さ」「おぞましさ」をよく表現しているといえよう）。

　観光は，まさに近代的な資本主義社会のもとで生きることが快適に思えるような，イマジナリーな幻想の快楽を創出する社会的装置である[21]。この位相の快楽は，「現実的な世界」から生みだされるもの（経済システム，政治体制，イデオロギー的幻想，常識的枠組み等）の外部，向こう側へと，人びとを誘うことは決してない。それは，人びとが外部へと跳躍することがないように，つねに快楽を飼い馴らし，人びとを内部に留めおこうとする。

　D.J.ブーアスティンの「擬似イベント」論も，こうした観光の快楽がイマジナリーな幻想の快楽に過ぎないことを指摘したものだと言えよう[22]。現実よりも雑誌，テレビ，映画，広告といったメディアで描かれたイメージの方が現実感

（リアリティ）をもつという現象をブーアスティンは「擬似イベント」と言う。メディアは現実を再構成したものであるにもかかわらず，そのメディアによって再構成されたイメージが一人歩きしだし，現実以上の力を持つにいたる。こうした現象について，ブーアスティンはかつて『幻影の時代――マスコミが製造する現実』という本の中で，さまざまな事例を取り上げ考察した。

　そのさまざまな事例の一つとして，ブーアスティンは観光を取り上げている。観光地の本当のすがた，本当の文化よりも，観光パンフレット，観光情報誌，映画，テレビなどのメディアによるイメージの方に観光客は惹かれるようになっており，そうしたイメージを確認するために現実の観光地へ出かけるようになっている。彼はそう主張する。

　「あらかじめ観光客に確実に保証されていたり，また目的地に着くや否や即座につごうよく目の前に現れる観光品目は，その国を本当に表現しているものではないからこそ，商品として売り買いできる性質を持っている。それらは本当の儀式や本当の祭りではありえない。本物は決して観光客のために計画されるものではない。今日ハワイを訪れる写真好きの観光客のために演じられるフラ・ダンス（スポンサーはイーストマン・コダック会社）のように，非常に人気のある観光アトラクションというものは，特別に観光客用に作られたものである場合が多い。

　そして，観光客はますます多くの擬似イベントを要求している。最も人気のある擬似イベントは，たやすく写真にとることができて，しかも健全で，一家そろって見ることができるものでなければならない。…（中略）…擬似イベントはイメージをいっぱい持った観光客が既にそこにあることを知っているもの，感じのよい平凡な複製品になりがちである。エキゾチックなものに対する観光客の欲求は，彼自身の頭のなかにあるイメージが，（観光地において）確かめられた時，最も満足するようである。」[23]

　観光には，つねに，このような「擬似イベント」の要素がつきまとっている

終　章　モバイル資本主義を超える「遊び」＝「戯れ」の可能性

だろう。たとえば沖縄へ観光に行った時に，私たちは観光情報誌で描かれている「ライトブルーの海」「常夏」「さんご礁」といったイメージを確認しに行くのではないだろうか。京都も同様である。京都へ行く時には，観光情報誌やテレビドラマで描かれているような「はんなり」「ゆったりした風情」のある京都を探そうとするだろう。たとえ私たちの目の前には人ごみでいっぱいの都会的な繁華街が広がっていようとも，そうした風景は決して目に入らない。メディア・イメージを通して発動される五感によって，イマジナリーな幻想の快楽が提供されている。「擬似イベント」論はこのことを指摘する概念なのである。

　観光社会学は，このように観光の快楽の幻想性を取り出し，分析し続けてきたと言える。D.マキァーネルの「演出された真正性」もそのような概念の一つである[24]。マキァーネルは社会学者E.ゴフマンの用語を借りて，「表舞台（front）」ではなく「舞台裏（back）」を観光客が求めていると述べる。観光の「表舞台」とは，ゲストである観光客が誰も見ることのできる場所であり，つねに観光用にディスプレイされ飾りたてられている。それに対して，観光の「舞台裏」とは，観光用に演出されてはいない現地の人びとだけが知っている場所，文化のことである。観光客は訪問した場所でそれを見たいと思っているのだと，マキァーネルは述べる。

　このように「表舞台」と「舞台裏」というゴフマンの用語を利用しながら，マキァーネルは，観光客が現地の人たちの本物の暮らしといった「舞台裏」を希求しているのだと主張するのだが，しかし観光客の経験がはたして本物かどうかは，結局のところ確かめられはしない。これこそが本当の暮らしぶりや文化だと思っていたのに，実は，観光客が訪問しても良いように演出された「表舞台」であることもある。

　たとえば，アメリカ・フロリダ州に「ケネディ・スペース・センター」という観光地がある。この観光地を事例に考えてみよう。スペース・シャトルやロケットを打ち上げるための施設である「ケネディ・スペース・センター」は現在も，多くの人びとがスペース・シャトル・プロジェクトのために働いており，その姿を間近に見ることができるツアーが組まれていたりする。実際に働いて

いる姿を見るという意味では，観光客は「舞台裏」を観光しているのだが，しかし実のところ観光客が見ることができるエリアは限られており，観光客が目にすることができるのは観光用にディスプレイされた場所なのである。このように現代の観光状況においては，本物（舞台裏）に触れたと思ったとしても，本物（舞台裏）風に演出されているだけのこともある。「演出された真正性」とは，こうした事態を表す概念である。観光客は，擬似的で人工的なパスティーシュ（模造品）に満ちた「表舞台」と，オーセンティシティに満ちた「舞台裏」が交差するねじれた空間を旅していると彼は主張するのだ。

ディズニーランドという観光地では，さらに，こうした幻想性が深まる。ディズニーランドでは，すべてがディズニーによって創作されたものであり，ファンタジーであり，リアルなもの，実在するものはこの場所には存在しない。ここではミッキーマウスやミニーマウス，ドナルドダックたちが歩いているが，彼らは本当に存在しているわけではない。彼らはディズニーのアニメ映画やテレビというメディアによって創られたものである。その意味でディズニーランドは，すべてがファンタジー，すべてがメディアによって創られたもの，すべてがコピー（ヴァーチャル）の世界なのである。J.ボードリヤールは，オリジナル（本物，リアル）のない，コピー（ファンタジー，ヴァーチャル）を「シミュレーション」と呼んでいる。ディズニーランドはまさに，「シミュレーション」に彩られた，イマジナリーな幻想の世界なのである。

4 〈可能態〉としての「外部の唯物論」

先にも述べたように，観光社会学はこれまで，資本主義のもとで飼い馴らされる観光の快楽の位相，観光の幻想性に照準を当て考察を展開してきた。ここからもわかるように，〈現実態〉としての観光は，「外部の唯物論」とは無縁のものであり，逆に資本主義の内部にあり，資本主義を支え続けてきたのである。

終　章　モバイル資本主義を超える「遊び」＝「戯れ」の可能性

（１）観光の中の「遊び」＝「戯れ」

　しかし〈現実態〉としての観光によって形成される快楽の中にも，資本主義の外部，向こう側へと跳躍する〈否定性〉となり得る〈可能態〉が内在しているのではないか。このことを考えるために，一つの事例を取り上げてみよう。米国フロリダ州オーランドにある「ギブ・キッズ・ザ・ワールド」という施設である（図終-3）。

　ここは，難病におかされ明日の命もしれない子どもたちとその家族が一週間を過ごす非営利のリゾート型宿泊施設である。かつてフロリダのホテルをいくつも経営していたヘンリー・ランドワースが1986年に私財をなげうって建設にふみきった場所である。1年目は329名の子どもたちを招待するにとどまったが，現在では一年に約7,000家族が宿泊する，70エーカーの広さをもつリゾート地となっている。これまでに全米からはもちろん，50を超える国から7万5,000以上の家族を招待している。

　子どもたちやその家族は食事をふくめ無料で，「ギブ・キッズ・ザ・ワールド」に宿泊することができる。それだけでなく，そこで催されるさまざまなイベントを楽しめる。また，彼らはオーランドにある多くのテーマパーク（ディズニーワールドやユニバーサル・スタジオ等）や遊園地（シーワールド等）に無償で行き，優先的にアトラクションに乗ることができたりする。さらに「ギブ・キッズ・ザ・ワールド」には，ミッキーマウス，ミニーマウス，ドナルドダックが出向いてきてくれて，子どもたちを抱きしめてくれたりするのだ。

　こうして難病をかかえる子どもたちは愛する家族と，もしかすると最後になるかもしれない，大切で楽しい1週間を過ごす。彼らには次の旅行はないかもしれない。しかし，多くの家族たちは病院から離れ，治療の苦しみからほんのわずかの間解放され，彼らの記憶にずっと残る日々を送るのである。この1週間で親たちは，自分の子どもたちが心の底から笑い楽しむのを見る。ここにいる間，家族たちにとって大切なのは，病気をいかに治療するかではなく，つぎに何のアトラクションに乗るのか，ミッキーマウスに会ったら何をしてもらうか，どんなイベントが待っているのかを考えるということだけである。そうし

図終-3 「ギブ・キッズ・ザ・ワールド」の公式ホームページ
出所：http://www.givekidstheworld.org/（2016.08.27アクセス）

た1週間を過ごすことによって，ときに奇跡が訪れることもある。たとえば，ある親は「ギブ・キッズ・ザ・ワールド」訪問中にふと窓際に目をやると，病気におかされ立つこともままならない状態だった子どもが立って遊んでいたと言っている。その子どもはもう亡くなってしまっているが，そのときの思い出が残された親たちに今も生きる勇気をあたえてくれていると述懐している。

「ギブ・キッズ・ザ・ワールド」訪問中，子どもたちやその家族が最も楽しみにしているのは，何と言ってもディズニーワールドであろう。園内のミッキーマウス，ドナルドダックといったディズニーキャラクターたちに会ったり，アトラクションに乗ったりしているときには，子どもたちは病気のことを忘れて笑いさざめく。しかし，このディズニーワールドも前節で取り上げたディズニーランドと同様，「シミュラークル」に彩られたイマジナリーな幻想の世界である。そこには人工的に創りだされた観光の幻想性がつねに介在し，観光客はその中で楽しさを追求する。これまでの観光社会学は，こうした側面を分析的に明らかにしてきたのである。だがしかし，この事例には，それだけでは収まりきらない要素が確実にある。それは，観光の幻想性といった側面さえも薙ぎはらってしまうような〈力〉となる「遊び」＝「戯れ」という要素だ。

終　章　モバイル資本主義を超える「遊び」＝「戯れ」の可能性

　子どもたちや家族は，観光の幻想性の中にありながら，同時に，それを介して実現されている快楽を自己目的化してもいる。彼らは，将来の治療が楽になるという理由で楽しむのでもなく，最後の思い出をつくるという理由で楽しむのでもない。結果的に治療が楽になったり，思い出が残ったりすることはあるが，そのことを目的に「ギブ・キッズ・ザ・ワールド」を訪れているわけではないのである。そうではなく，彼らはただ楽しむことだけを目的として，ここを訪れているのである。将来の治療という「未来」を志向するのでもなければ，思い出となっていく「過去」を志向しているのでもない。彼らはただ，「現在」という時間を徹底して楽しんでいるのだ。だからこそ，ここには，はじけるような子どもたちの「笑い」が充溢している。中沢が述べるように，バタイユの「非知」のごとく，「ことばの外，意識の外にあるなにものかの力がわきあがってきて，人間という生き物の『底』に触れ，それを押し上げようとするとき，笑いが生まれる」のである。[31]

　快楽が自己目的化し，純粋な「遊び」＝「戯れ」となった中で，ミッキーマウスの柔らかなぬいぐるみに触れる時，アトラクションに逆らって吹く風を感じる時，シーワールドでイルカのヒレに触る時，その快楽は一瞬，原初的な自然，物質そのもの，「エス」に触れ，「笑い」を誘う。このような「遊び」＝「戯れ」の要素を，観光は〈可能態〉としてもっているのではないか。もしそうだとすれば，観光は，「現実的な世界」すなわち資本主義の〈否定性〉となる「可能性」を秘めていると言えるだろう。

（２）観光のコンヴィヴィアリティ

　では，観光の一瞬の〈可能態〉を軸心として構想される社会とは，どのようなものか。これを考える際，観光のコンヴィヴィアリティという概念が重要になるように思われる。「コンヴィヴィアリティ（conviviality）」とは「陽気であること」「宴会好きであること」という意味の英語だ。哲学者 I. イリイチはこの言葉をキーワードとしながら社会批評を展開している。

「私が『コンヴィヴィアリティ（宴の楽しさ）』という言葉を選んだのは，産業的な生産性と正反対のものを意味するためである。その言葉によって，人と人，人と環境の間でかわされる自律的で創造的な交感を意味しようとしたのである。これは，他者や人工的な環境による要求（デマンド）に対する条件反射的な人びとの反応とは正反対のものだ。『コンヴィヴィアリティ』とは，人びとがお互いに支え合いながら実現される個々人の自由のことであり，そのようなものとして本来備わっている倫理的価値のことである(32)。」

イリイチによれば「コンヴィヴィアリティ」とは「自律的で創造的な交感」による「人びとがお互いに支え合いながら実現される個々人の自由」を意味しており，産業的な生産性を重視する資本主義社会に対抗する軸となるものである。本章もこうしたイリイチの議論に基本的に沿いながら，「コンヴィヴィアリティ」の概念をとらえている。ただし本章ではイリイチの議論に，M. バフチンの主張するようなカーニヴァル的「猥雑性」「混淆性」の意味を付与したいと考えている(33)。

人びとが純粋な「遊び」＝「戯れ」の中で，大いに飲み，食い，しゃべり，歌う。そうする中で異なった人生を送ってきた人同士が異なった価値観を持ったまま交わり笑い騒ぐ。相互が別々の方向を向き多様で猥雑でありながら，しかし無関心であるわけではなく，「遊び」＝「戯れ」の楽しさを通して，陽気で暖かみのある「人間的な相互依存関係」を形成する。本章で「コンヴィヴィアリティ」と呼んでいるのは，こうしたものである。

観光の中で食べたり，酒を飲んだり，遊んだりしている時には，社会の中で私たちが担っている諸々の役割はまったく関係なくなる。皆，「対等」だ。だが皆が「同じ」というわけではなく，一人一人多様で雑多な価値観を持っている。そのためお互いに，むやみに他人事に立ち入ってくるわけではない。ただし，まったく他人に無関心というわけではなく，誰かがすぐ人懐っこく話しかけてきて，つねに人びとの笑いでさざめいている。

終　章　モバイル資本主義を超える「遊び」＝「戯れ」の可能性

　このように，こうした「コンヴィヴィアリティ」を形成する可能性を観光は秘めているのではないか。緩やかに形成される，このような〈カーニヴァル的な猥雑性，混淆性を備えた自由な人間の相互依存関係〉をいくつも織り込んでいくことで，私たちは，グローバル時代の新しいかたちの社会関係を構想しうるのではないだろうか。

　それは，等質な価値を有するアイデンティティに支えられた「共同体」ではない。たとえ価値を共有する者でなくても，気軽にその輪に入ることができ，異質な価値を有する者同士が異質な価値を持ったまま，お互いの感情や意見や考えを交わし，相互に尊重し合える「公共圏」である。そうした意味を込め，「公共圏」を「特定の他者にとどまらず，多様な『他者』との関係性によって間主観的に共有されている社会空間をめぐる感覚」と定義したい。

　私たちはそれぞれが異なる価値観や信念を持ち，異なる性のもとで，異なる民族性をもち，異なる地域や国の中で暮らしており，多様な他者たちとともに生きている。J. F. リオタールの言葉を用いて言い換えるなら，社会の成員を一つにまとめる「大きな物語」ではなく，分裂した「小さな物語」を私たちは生きているのである。そうであるなら「小さな物語」を否定し，「大きな物語」を構築し直すのではなく，分裂した「小さな物語」のもとで「他者」を慈しみ，愛おしみ，赦し，「他者」とともに生きることを理念としていくべきだろう。ここで意味する「公共圏」は，そうしたことをめざしたものである。

　こうした「公共圏」を形成する方策として，資本主義社会に対して何も寄与しない「遊び」＝「戯れ」が要になってくるのではないかと思っている。「遊び」＝「戯れ」の無為性，それは「他者」たちが，気軽にその社会空間やつながりにつどえるために不可欠な条件となるはずだ。そうしてはじめて，「同じだから」＝「同じ物語を共有しているから」〈あなたが大切とする社会〉ではなく，「違うから」＝「異なる物語を分有しているから」〈あなたが大切とする社会〉を創造することができるのである。

5　モバイル資本主義を超えて

　もし以上が実現し得た時，私たちはまだ誰も見たことのない，モバイル資本主義の外部，向こう側の世界をはじめて生きる者となる。モバイル資本主義が切り拓いたグローバリズムを前提としながらも，「遊び」＝「戯れ」の無為性を軸にしつつ，モバイル資本主義のシステムに回収されない社会関係を構築し，世界中の多様な言語，文化，思想，宗教等を尊重し，分かち合い，主体的に享受できる方法やスタイルを修得する。私たちは，このことを，観光という現象を通じて考えていくことができる。モビリティはモビリティを通じて，現実的・実践的に変革され，乗り越えられるのだ。

　観光社会学はツーリズム・モビリティの考察を通じて社会と観光の関連性を問い，「観光の幻想性」や「揺れ動く社会の動態」を明らかにする責務と同時に，〈来るべき社会〉を構想する応答責任性（responsibility）を担い続けていかなくてはならないのである。観光の快楽をめぐる「外部の唯物論」は，そのための重要なヒントを私たちに与えてくれるのではないだろうか。

　もちろん本章は確実に，非常に多くの課題を残している。たとえば，資本主義それ自体についても分析もまったく充分ではないし，マルクスの諸著作についてもより考察を深めていく必要があろう。また「遊び」＝「戯れ」概念についても，バタイユ，J.ホイジンガ，R.カイヨワ等を縦横に駆使しつつ彫琢すべきであろう。さらに言えば，〈現実態〉としての観光の幻想性に関する研究も一層深めていく必要がある。しかし，それでもなお本章を，モバイル資本主義を超えていき，〈来るべき社会〉を構想する応答責任性を担おうとする試みの一つに位置づけ得るのではないだろうか。

注
(1)　ドゥボール，G.-E.／木下誠訳『スペクタクルの社会』筑摩書房，2003年，毛利嘉孝『はじめてのDiY——何でもお金で買えると思うなよ！』ブルース・インターアクシ

終　章　モバイル資本主義を超える「遊び」=「戯れ」の可能性

ョンズ，2008年，南後由和「シチュアシオニスト——漂流と心理地理学」加藤政洋・大城直樹編著『都市空間の地理学』ミネルヴァ書房，2006年，52-70頁。
(2) 　マルクス，K./中山元・三島憲一他訳「デモクリトスの自然哲学とエピクロスの自然哲学の差異」『マルクス・コレクションⅠ』筑摩書房，2005年，1-153頁。
(3) 　同前書，63頁。
(4) 　同前書，69頁。
(5) 　マルクス，K.＆エンゲルス，F./廣松渉編訳『ドイツ・イデオロギー』岩波書店，2002年。
(6) 　マルクス，K./資本論草稿集翻訳委員会訳「経済学批判要綱　第一分冊」『マルクス　資本論草稿集　1857年-58年の経済学草稿Ⅰ　1』大月書店，1981年，353-354頁。
(7) 　マルクス，K.＆エンゲルス，F./廣松渉編訳『ドイツ・イデオロギー』，岩波書店，2002年，235頁。
(8) 　本章の「外部」概念については，白井による以下の著作も参照してもらいたい。本章で論じられているものと同じではないが，重なり合っている部分も多い。白井聡『未完のレーニン——〈力〉の思想を読む』講談社，2007年，白井聡『『物質』の蜂起をめざして——レーニン，〈力〉の思想』作品社，2010年。
(9) 　マルクス，K./中山元・三島憲一他訳「デモクリトスの自然哲学とエピクロスの自然哲学の差異」『マルクス・コレクションⅠ』筑摩書房，2005年，74-75頁。
(10) 　酒井健『バタイユ入門』筑摩書房，1996年，86頁。
(11) 　生きることそのものも，「目的−手段」の無限の連鎖（ループ）に組み入れられているのではないか。「生きる目的」に関する問いが横行することも，そのあらわれであろう。しかし生きることに意味や目的がなければならないとする常識的な枠組みは，近代的な資本主義社会に特徴的な考え方ではないのか。
(12) 　湯浅博雄『バタイユ——蕩尽』講談社，2006年，385-386頁。
(13) 　浅田彰『構造と力——記号論を超えて』勁草書房，1983年。
(14) 　本城靖久『トーマス・クックの旅——近代ツーリズムの誕生』講談社，1996年。
(15) 　マルクス，K./向坂逸郎訳『資本論（二）』岩波書店，1969年，151頁。
(16) 　本章は，安村による以下の著作の第Ⅲ部「社会変動論と社会システム論からみる観光」における議論からも大きな示唆を受けている。安村克己『社会学で読み解く　観光——新時代をつくる社会現象』，学文社，2001年。
(17) 　本章が述べる「再帰的」な資本主義は，U. ベックや A. ギデンズたちの「再帰的近代化」を意識したものである。「再帰性」については，本書における第Ⅲ部補論を参考にしてもらいたい。
(18) 　このように整理するならば，持続可能な観光も，マスツーリズムの変種＝変異形態であろう。

(19) 新宮一成『ラカンの精神分析』講談社、1995年、新宮一成・立木康介『フロイト＝ラカン』講談社、2005年、福原泰平『ラカン——鏡像段階』講談社、2005年、松本卓也『人はみな妄想する——ジャック・ラカンと鑑別診断の思想』青土社、2015年。
(20) 斎藤環『生き延びるためのラカン』basilico、2006年、66-69頁。
(21) 近代における私たちは、幻想がなければ生きることさえ困難な存在なのである。
(22) ブーアスティン、D. J.／星野郁美・後藤和彦訳『幻影の時代——マスコミが製造する現実』創元社、1964年。
(23) ブーアスティン、D. J.／星野郁美・後藤和彦訳『幻影の時代——マスコミが製造する現実』創元社、1964年、119頁。
(24) マキァーネル、D.／安村克己・遠藤英樹他訳『ザ・ツーリスト——高度近代社会の構造分析』学文社、2012年。
(25) 以上の議論については、序章も参照のこと。
(26) 以上の議論については、第2章も参照のこと。
(27) ボードリヤール、J.／竹原あき子訳『シミュラークルとシミュレーション』法政大学出版局、1981年。
(28) 第3章で提示した「伝統の転移」という概念もその一つである。私たちが地域の伝統行事に投影している想いや思惑は、私たち自身の内にその起源を持っているかのように見えながら、実はそうではなく、他者や、他地域の人びとによって形づくられたものである。観光における地域アイデンティティもまた、このような幻想性に彩られたものなのである。
(29) メディアと絡みつつ形成される観光者の「まなざし」に内在する、オリエンタリズム等の政治性を抽出することも、観光の幻想性を明らかにする作業に位置づけられるだろう（須藤廣・遠藤英樹『観光社会学——ツーリズム研究の冒険的試み』明石書店、2005年、遠藤英樹『ガイドブック的！ 観光社会学の歩き方』春風社、2007年）。
(30) 遠藤英樹『ガイドブック的！ 観光社会学の歩き方』春風社、2007年。
(31) 中沢新一『はじまりのレーニン』岩波書店、2005年、56頁。
(32) この部分は、Illich, I.: *Tools for Conviviality*, Harper Colophon paperback edition, 1973, p. 11.を筆者が訳出したものである。原文は以下の通りである。

I choose the term "conviviality" to designate the opposite of industrial productivity. I intended it to mean autonomous and creative intercourse among persons, and the intercourse of persons with their environment; and this in contrast with the conditioned response of persons to the demands made upon them by others, and by a man-made environment. I consider conviviality to be individual freedom realized in personal interdependence and , as such, an intrinsic ethical value.

(33) 桑野隆『バフチン——〈対話〉そして〈解放の笑い〉』岩波書店、1987年、199頁。

㉞　リオタール，J-F.／小林康夫訳『ポスト・モダンの条件』水声社，1986年。
㉟　「同じ物語を共有している」者を〈友〉，「同じ物語を共有していない」者を〈敵〉とする「友愛／敵対」図式を超えて，観光のコンヴィヴィアリティを中心に，無為な「遊び」＝「戯れ」の社会空間を形成していくことが社会を構想するうえで重要となるのではないか。その際には「ホスピタリティ（hospitality）」も観光研究において，新たな哲学的意味を担うことになるだろう（「友愛のもてなし」を意味する「ホスピタリティ（hospitality）」の語源は「敵（hostile）」とつながるものであり，その点で「友愛／敵対」図式を越えたものとなる）。

参考文献

相澤哲「I. ウォーラーステインによる『社会科学』批判について」『長崎国際大学論叢』第7巻, 2007年, 1-11頁。

浅田彰『構造と力——記号論を超えて』勁草書房, 1983年。

東浩紀編『福島第一原発観光地化計画』ゲンロン, 2013年。

足立重和「伝統文化の発明——郡上おどりの保存をめぐって」片桐新自編『歴史的環境の社会学』新曜社, 2000年, 132-154頁。

足立重和『郡上八幡 伝統を生きる——地域社会の語りとリアリティ』新曜社, 2010年。

アバークロンビー, N.他／丸山哲央監訳・編集『新しい世紀の社会学中辞典』ミネルヴァ書房, 1996年。

アパデュライ, A.／門田健一訳『さまよえる近代』平凡社, 2004年。

新井克弥「メディア消費化する海外旅行」嶋根克己・藤村正之編著『非日常を生み出す文化装置』北樹出版, 2001年, 111-137頁。

アーリ, J.／吉原直樹監訳『社会を越える社会学——移動・環境・シチズンシップ』法政大学出版局, 2006年, 21頁。

アーリ, J.／吉原直樹監訳『グローバルな複雑性』法政大学出版局, 2014年。

アーリ, J.／吉原直樹・伊藤嘉高訳『モビリティーズ——移動の社会学』作品社, 2016年。

アーリ, J.&ラースン, J.／加太宏邦訳『観光のまなざし 増補改訂版』法政大学出版局, 2014年。

アルチュセール, L.／西川長夫・伊吹浩一・大中一彌・今野晃・山家歩訳『再生産について（上）（下）』平凡社ライブラリー, 2010年。

石田英敬『自分と未来のつくり方——情報産業社会を生きる』岩波書店, 2010年。

石田英敬『現代思想の教科書——世界を考える知の地平15章』筑摩書房, 2010年。

石田英敬『大人のためのメディア論講義』筑摩書房, 2016年。

市野澤潤平「楽しみのツーリズム——災害記念施設の事例から考察するダークツーリズムの魅力と観光経験」『立命館大学人文科学研究所紀要』No.110, 2016年, 23-60頁。

井出明「ダークツーリズム」大橋昭一・橋本和也・遠藤英樹・神田孝治編著『観光学ガイドブック——新しい知的領野への旅立ち』ナカニシヤ出版, 2004年, 216-219頁。

井出明「ダークツーリズム入門 #1 ダークツーリズムとは何か」『ゲンロンエトセトラ』7, 2013年, 46-53頁。

伊藤昌亮『フラッシュモブズ——儀礼と運動の交わるところ』NTT出版, 2011年, 12頁。

岩崎育夫『物語 シンガポールの歴史——エリート開発主義国家の200年』中央公論新

社，2013年。
ウォーラーステイン，I.／本多健吉・高橋章訳『脱＝社会科学』藤原書店，1993年。
宇野常寛『ゼロ年代の想像力』早川書房，2008年。
宇野常寛『リトル・ピープルの時代』幻冬舎，2011年。
宇野常寛『日本文化の論点』筑摩書房，2013年。
エリオット，A.&アーリ，J.／遠藤英樹監訳『モバイル・ライブズ』ミネルヴァ書房，2016年。
遠藤英樹「観光のオーセンティシティをめぐる社会学理論の展開」山上徹・堀野正人編著『現代観光へのアプローチ』白桃書房，2003年，197-210頁。
遠藤英樹「地域のかたち――地域社会学からの視点」奈良県立大学地域創造研究会編『地域創造への招待』晃洋書房，2005年，13-20頁。
遠藤英樹『ガイドブック的！　観光社会学の歩き方』春風社，2007年。
遠藤英樹『現代文化論――社会理論で読み解くポップカルチャー』ミネルヴァ書房，2011年。
遠藤英樹「伝統の創造」大橋昭一・橋本和也・遠藤英樹・神田孝治編著『観光学ガイドブック』ナカニシヤ出版，2014年，114-119頁。
大賀祐樹『リチャード・ローティ 1931-2007――リベラル・アイロニストの思想』藤原書店，2009年。
大澤真幸『虚構の時代の果て』筑摩書房，2006年。
大澤真幸『不可能性の時代』岩波書店，2008年。
大澤真幸『生権力の思想――事件から読み解く現代社会の転換』筑摩書房，2013年。
大野哲也『旅を生きる人びと――バックパッカーの人類学』世界思想社，2012年。
岡本健『情報社会における旅行者の特徴に関する観光社会学的研究』北海道大学大学院国際広報メディア・観光学院博士学位論文，2012年。
岡本裕一朗『本当にわかる　現代思想』日本実業出版社，2012年。
岡本裕一朗『いま世界の哲学者が考えていること』ダイヤモンド社，2016年。
奥野一生「明日の授業で使える！　地形図読図17　千葉県浦安市」『地理』51-11，2006年，70-79頁。
川北稔『ウォーラーステイン』講談社，2001年。
川崎賢一『トランスフォーマティブ・カルチャー――新しいグローバルな文化システムの可能性』勁草書房，2006年。
カント，I.／中山元訳『永遠平和のために／啓蒙とは何か　他3編』光文社，2006年。
菊屋たまこ・中田健二『懐かしのトレンディドラマ大全』双葉社，2009年。
北田暁大『増補　広告都市・東京――その誕生と死』筑摩書房，2011年。

木谷文弘『由布院の小さな奇跡』新潮社，2004年。
ギデンズ，A.／松尾精文・小幡正敏訳『近代とはいかなる時代か？』而立書房，1993年。
ギデンズ，A.／秋吉美都・安藤太郎・筒井淳也訳『モダニティと自己アイデンティティ——後期近代における自己と社会』ハーベスト社，2005年。
ギルロイ，P.／上野俊哉・毛利嘉孝・鈴木慎一郎訳『ブラック・アトランティック——近代性と二重意識』月曜社，2006年。
クニール，G.&ナセヒ，A.／舘野受男・池田貞夫・野崎和義訳『ルーマン 社会システム理論』新泉社，1995年。
黒瀬陽平『情報社会の情念——クリエイティブの条件を問う』NHK出版，2013年。
桑野和泉「由布院温泉——『前向きな縮小』で原点回帰のまちづくり」『AERA Mook 観光学がわかる。』朝日新聞社，2002年，140-143頁。
桑野隆『バフチン——〈対話〉そして〈解放の笑い〉』岩波書店，1987年。
国土交通省観光庁『平成27年版 観光白書』日経印刷株式会社，2015年。
小谷野敦『もてない男——恋愛論を超えて』筑摩書房，1999年。
斎藤環『生き延びるためのラカン』basilico，2006年。
酒井健『バタイユ入門』筑摩書房，1996年。
佐藤俊樹『意味とシステム——ルーマンをめぐる理論社会学的探究』勁草書房，2008年。
佐藤俊樹『社会学の方法——その歴史と構造』ミネルヴァ書房，2011年。
ジェイムソン，F.／大橋洋一・木村茂雄・太田耕人訳『政治的無意識——社会的象徴行為としての物語』平凡社，2010年。
霜月たかなか『コミックマーケット創世記』朝日新聞出版，2008年。
白井聡『未完のレーニン——〈力〉の思想を読む』講談社，2007年。
白井聡『「物質」の蜂起をめざして——レーニン，〈力〉の思想』作品社，2010年。
新宮一成『ラカンの精神分析』講談社，1995年。
新宮一成・立木康介編『フロイト=ラカン』講談社，2005年。
鈴木謙介『ウェブ社会のゆくえ——〈多孔化〉した現実のなかで』NHK出版，2013年。
スティグレール，B.／ガブリエル・メランベルジェ他訳『象徴の貧困——ハイパーインダストリアル時代』新評論，2006年。
須藤廣『観光化する社会——観光社会学の理論と応用』ナカニシヤ出版，2008年。
須藤廣・遠藤英樹『観光社会学——ツーリズム研究の冒険的試み』明石書店，2005年。
ストリナチ，D.／渡辺潤・伊藤明己訳『ポピュラー文化論を学ぶ人のために』世界思想社，2003年。
髙木裕宜「ディズニーランドのマネジメント——ポスト・近代的管理と組織への一考察」『経営論集』15-1，2005年，119-129頁。

立木康介『露出せよ，と現代文明は言う――「心の闇」の喪失と精神分析』河出書房新社，2013年。

ターナー，G.／溝上由紀他訳『カルチュラルスタディーズ入門――理論と英国での発展』作品社，1999年。

田村慶子編著『シンガポールを知るための65章』明石書店，2014年。

田村慶子・本田智津絵『シンガポール謎解き散歩』中経出版，2014年。

『地球の歩き方』編集室『地球の歩き方　東南アジアB　シンガポール・マレーシア　86'～87'年版』1986年。

『地球の歩き方』編集室『地球の歩き方　シンガポール　2000～2001年版』1999年。

『地球の歩き方』編集室『地球の歩き方　シンガポール　2015～2016年版』2015年。

塚原史『ボードリヤールという生き方』NTT出版，2005年。

塚原史『ボードリヤール再入門』御茶の水書房，2008年。

坪井善明・長谷川岳『YOSAKOIソーラン祭り――街づくりNPOの経営学』岩波書店，2002年。

デリダ，J.／足立和浩訳『グラマトロジーについて』現代思潮社，1983年。

デリダ，J.／林好雄訳『声と現象』筑摩書房，2005年。

ドゥボール，G.-E.／木下誠訳『スペクタクルの社会』筑摩書房，2003年。

ドゥルーズ，G.／財津理訳『差異と反復』河出書房新社，2007年。

中沢新一『はじまりのレーニン』岩波書店，2005年。

ナイ，J.／山岡洋一訳『ソフト・パワー――21世紀国際政治を制する見えざる力』日本経済新聞社，2004年。

中山元『フロイト入門』筑摩書房，2015年。

南後由和「シチュアシオニスト――漂流と心理地理学」加藤政洋・大城直樹編著『都市空間の地理学』ミネルヴァ書房，2006年，52-70頁。

日経コンピュータ『FinTech革命――テクノロジーが溶かす金融の常識』日経BP社，2015年。

バウマン，Z.／森田典正訳『リキッド・モダニティ――液状化する社会』大月書店，2001年。

バーガー，P.L.／薗田稔訳『聖なる天蓋――神聖世界の社会学』新曜社，1979年。

長谷川公一・浜日出夫・藤村正之・町村敬志『社会学――Sociology: Modernity, Self and Reflexivity』有斐閣，2007年。

服部桂『メディアの予言者――マクルーハン再発見』廣正堂出版，2001年。

林好雄・廣瀬浩司『デリダ』講談社，2003年。

バルト，R.／下澤和義訳『現代社会の神話』みすず書房，2005年。

参考文献

ハンドラー，R.&リネキン，J.／岩竹美加子訳「本物の伝統，偽物の伝統」岩竹美加子編訳『民俗学の政治性――アメリカ民俗学100年目の省察から』未來社，1996年，125-156頁。

ブーアスティン，D.J.／星野郁美・後藤和彦訳『幻影の時代――マスコミが製造する現実』創元社，1964年。

福原泰平『ラカン――鏡像段階』講談社，2005年。

福間良明「広島・長崎と『記憶の場』のねじれ――『被爆の痕跡』のポリティクス」『立命館大学人文科学研究所紀要』No.110，2016年，111-137頁。

福間良明『『戦跡』の戦後史――せめぎあう遺構とモニュメント』岩波書店，2015年。

福間良明・山口誠『『知覧』の誕生――特攻の記憶はいかに創られてきたのか』柏書房，2015年。

フーコー，M.／渡辺一民・佐々木明訳『言葉と物――人文科学の考古学』新潮社，1974年。

ブライマン，A.／野登路雅子監訳・森岡洋二訳『ディズニー化する社会――文化・消費・労働とグローバリゼーション』明石書店，2008年。

ブランショ，M.／粟津則雄訳『来るべき書物』筑摩書房，2013年。

古市憲寿「『ダークツーリズム』のすすめ」『新潮45』12月号，2012年，102-105頁。

ブルーナー，E.M.／遠藤英樹訳「ツーリズム，創造性，オーセンティシティ」『奈良県立大学研究季報』13-3，2002年，13-18頁。

ブルーナー，E.M.／安村克己・遠藤英樹他訳『観光と文化――旅の民族誌』学文社，2007年。

ベック，U.／東廉・伊藤美登里訳『危険社会――新しい近代への道』法政大学出版局，1998年。

ベル，D.／内田忠夫他訳『脱工業社会の到来――社会予測の一つの試み（上）（下）』ダイヤモンド社，1975年。

ベンヤミン，W.／浅井健二郎編訳・久保哲司訳『ベンヤミン・コレクションⅠ　近代の意味』筑摩書房，1995年。

ホックシールド，A.R.／石川准・室伏亜希訳『管理された心――感情が商品になるとき』世界思想社，2000年。

ボードリヤール，J.／竹原あき子訳『シミュラークルとシミュレーション』法政大学出版局，1981年。

ボードリヤール，J.／今村仁司・塚原史訳『象徴交換と死』筑摩書房，1992年。

ホブズボウム，E.／前川啓治・梶川景昭他訳『創られた伝統』紀伊国屋書店，1992年。

ホルクハイマー，M.&アドルノ，T.W.／徳永恂訳『啓蒙の弁証法――哲学的断章』岩波

書店，2007年。
ボワイエ，R.&デュラン，J.P./荒井寿夫訳『アフター・フォーディズム』ミネルヴァ書房，1996年。
本田透『電波男』講談社文庫，2008年。
堀野正人「記号としての観光対象に関する一考察［1］」『地域創造学研究』ⅩⅩ（『奈良県立大学研究季報』第24巻第1号）2014年，39-49頁。
本城靖久『トーマス・クックの旅——近代ツーリズムの誕生』講談社，1996年。
前田勇・橋本俊哉「「観光」の概念」前田勇編著『現代観光総論』学文社，1995年，5-16頁。
マキァーネル，D./安村克己・遠藤英樹他訳『ザ・ツーリスト——高度近代社会の構造分析』学文社，2012年。
マルクス，K./向坂逸郎訳『資本論（二）』岩波書店，1969年。
マルクス，K./資本論草稿集翻訳委員会訳「経済学批判要綱　第一分冊」『マルクス資本論草稿集　1857年-58年の経済学草稿Ⅰ　1』，大月書店，1981年，353-354頁。
マルクス，K.&エンゲルス，F./廣松渉編訳『ドイツ・イデオロギー』岩波書店，2002年。
マルクス，K./中山元・三島憲一ら訳（2005）「デモクリトスの自然哲学とエピクロスの自然哲学の差異」『マルクス・コレクションⅠ』筑摩書房，2005年，1-153頁。
マクルーハン，M./後藤和彦・高儀進訳『人間拡張の原理——メディアの理解』竹内書店新社，1967年。
マクルーハン，M./森常治訳『グーテンベルグの銀河系』みすず書房，1986年。
松村圭一郎『ブックガイド基本の30冊　文化人類学』人文書院，2011年。
松村圭一郎「所有の近代性——ストラザーンとラトゥール」春日直樹編『現実批判の人類学——新世代のエスノグラフィへ』世界思想社，2011年，54-73頁。
松本卓也『人はみな妄想する——ジャック・ラカンと鑑別診断の思想』青土社，2015年。
マラン，L./梶野吉郎訳『ユートピア的なもの——空間の遊戯』法政大学出版局，1995年。
見田宗介『社会学入門——人間と社会の未来』岩波書店，2006年。
村上裕一『ゴーストの条件——クラウドを巡礼する想像力』講談社，2011年。
毛利嘉孝『はじめてのDiY——何でもお金で買えると思うなよ！』ブルース・インターアクションズ，2008年。
素樹文生『上海の西，デリーの東』新潮社，1998年。
森正人「言葉と物——英語圏人文地理学における文化論的転回以降の展開」『人文地理』61-1，2009年，1-22頁。
森正人「変わりゆく文化・人間概念と人文地理学」中俣均編『空間の文化地理』朝倉書店，2011年，113-140頁。

安村克己『社会学で読み解く観光——新時代をつくる社会現象』学文社，2001年。
安村克己・堀野正人・遠藤英樹・寺岡伸悟編著『よくわかる観光社会学』ミネルヴァ書房，2010年。
山口誠『ニッポンの海外旅行——若者と観光メディアの50年史』筑摩書房，2010年。
山口誠「メディアとしての戦跡——忘れられた軍部・大刀洗と『特攻巡礼』」遠藤英樹・松本健太郎編著『空間とメディア——場所の記憶・移動・リアリティ』ナカニシヤ出版，2015年，193-212頁。
山口さやか・山口誠『「地球の歩き方」の歩き方』新潮社，2009年。
山下晋司「『楽園』の創造——バリにおける観光と伝統の再構築」山下晋司編『観光人類学』新曜社，1996年，104-112頁。
山下晋司『バリ 観光人類学のレッスン』東京大学出版会，1999年。
山中速人『イメージの〈楽園〉——観光ハワイの文化史』筑摩書房，1992年。
湯浅博雄『バタイユ——蕩尽』講談社，2006年。
ラトゥール，B./川崎勝・高田紀代志訳『科学が作られているとき——人類学的考察』産業図書，1999年。
ラトゥール，B./川村久美子訳『虚構の「近代」——科学人類学は警告する』新評論，2008年。
リオタール，J.F./小林康夫訳『ポスト・モダンの条件』水声社，1986年。
和崎春日「都市生活のなかの伝統と現代——民俗の変貌と創造」藤田弘夫・吉原直樹編著『都市社会学』有斐閣，1999年，177-192頁。
渡辺靖『文化と外交——パブリック・ディプロマシーの時代』中央公論新社，2011年。
Beeton, S.: *Film-Induced Tourism*, Channel View Publications, 2005.
Belhassen, Y., Caton, K., & Stewart, W. P.: The search for authenticity in the pilgrim experience, *Annals of Tourism Research*, 35-3, 2008, pp. 668-689.
Böröcz, J.: *Leisure migration : A sociological study on tourism*, Pergamon Press, 1996.
Bruner, E. M.: Tourism, Creativity, and Authenticity, *Studies in Symbolic Interaction*, 10, 1989, pp. 109-114.
Buda, D. M.: The Daeth Drive in Tourism Studies, *Annals of Toursim Research*, 50, 2015, pp. 39-51.
Cohen, E.: A Phenomenology of Tourist Experiences, *Sociology*, 13, 1979, pp. 179-201.
Cohen, E., & Cohen, S.A.: Authentication : Hot and cool, *Annals of Tourism Research*, 39-3, 2012, pp. 2177-2202.
Elliott, A., & Urry, J.: *Mobile lives*, Routledge, 2010.
Foley, M., & Lennon, J.: Editorial : Heart of Darkness, *International Journal of Heritage*

Studies, 2 (4), 1996, pp. 195-197.

Foley, M., & Lennon, J.: JFK and Dark Tourism — A Fascination with Assasination, *International Journal of Heritage Studies*, 2 (4), 1996, pp. 198-211.

Hannam, K., & Knox, D.: *Understanding tourism : A critical introduction*, Sage, 2010.

Hannigan, J.: *Fantasy City : Pleasure and Profit in the Postmodern Metropolis*, Routledge, 1998.

Illich, I.: *Tools for Conviviality*, Harper Colophon paperback edition, 1973.

Inglehart, R.: *Modernization and Postmodernization*, Princeton University Press, 1997.

Larsen, J., & Sandbye, M. eds.: *Digital Snaps : The New Face of Photography*, I. B. Tauris, 2014.

Latour, B.: *La clef de Berlin et autres lecons d'un amateur de sciences*, La decouverte, 1993.

Lennon, J., & Foley, M.: *Dark Tourism : The Attraction of Death and Disaster*, Cengage Learning, 2010.

Rickly-Boyd, J. M.: Authenticity and aura for tourism studies : A Benjaminian approach to tourism experience, *Annals of Tourism Research*, 39-1, 2012, pp. 269-289.

Ritzer, G., & Liska, A.: 'McDisneyization' and 'Post-Tourism': Complementary Perspectives on Contemporary Tourism, in Chris Rojek and John Urry eds.: *Touring Culture*, Routledge, 2007, pp. 96-109.

Sharpley, R., & Stone, P. R. eds.: *The Darker Side of Travel : The Theory and Practice of Dark Tourism*, Channnel View Publications, 2009.

Sheller, M., & Urry, J.: *Tourism mobilities : Places to play, places in play*, Routledge, 2004.

Stone, P. R.: A Dark Tourism Specturum : Towards a Typology of Death and Macabre related Tourist Sites, Attractions and Exhibitions, Tourism : *An Interdisciplinary International Journal*, 54 (2), 2006, pp. 145-160.

Urry, J.: Mobile sociology, *British Journal of Sociology*, 51-1, 2000, pp. 185-201.

Urry, J.: *Mobilities*, Polity Press, 2007.

Urry, J.: *Offshoring*, Polity Press, 2014.

あとがき

　現代社会がモバイルなものになるとともに，逆説的なことにこれまで以上に，「自国がもっともすぐれている」「自分が信仰する宗教以外は異端である」「移民をシャットアウトせよ」といった「閉じてゆく思考」が目立ち始めている。移動の機会が増えれば，境界を意識することも多くなり，境界を越えていくことに対してさまざまな怖れも生じやすくなる。そのために，「差異性」や「新奇性」に対する拒否感を伴った「閉じてゆく思考」が現れるようになる。

　だが，こうした「閉じてゆく思考」によっては，グローバルな現代を多様な他者とともに生きることは叶わない。そのためには「閉じてゆく思考」ではなく，「開かれた思考」こそが必要になるのである。「開かれた思考」とは，境界を越えていく経験をする中で，これまで培ってきたみずからの文化・価値観・信仰等のすべてが相対的なものに過ぎないと認め，「差異性」や「新奇性」を積極的に受け容れていこうとする思考である。

　もちろん「すべてが相対的である」ということは，言うまでもなく，その主張それ自体もまた相対的であるということである。だが「すべてが相対的である」という主張が相対的であるということは，「絶対的なもの（閉ざされたもの）への回帰」を意味するわけではない。では，それはどういうことを意味するのか。

　それは，安易に一つの立場に自分を固定しないこと，「相対的である」というポジションそれ自体もつねに再帰的にとらえ返していくこと，場合によってはそのポジション自体を他者との出会いの中で揺るがせ，新たなものへと生まれ変わらせていくことを意味する。「生成のプロセスに身を置く (in mobile)」こと，これが「すべてが相対的である」の意味なのである。

　相対主義を越えていくのは，相対主義への否定ではなく，相対主義の徹底で

ある。この意味で，G.ドゥルーズ的な「ノマド」を実践することが重要となるのだが，観光は，そこに大きな力をもつと言えるであろう。観光は，その場所に暮らす人びと，異文化，自然等に観光客を出会わせ，みずからの価値観や文化を揺らがせ，思いもかけず豊穣かつ刺激的な経験を得させてくれる場合がある。私はそれを「観光的想像力（touristic imagination）」と呼んでいるが，「開かれた思考」を醸成していくためには，観光が内に秘めている「観光的想像力」を開花させていくことが重要となる。

　その一方，観光は，地域の文化や自然を観光開発によって変容させ，時に衰退させてしまうこともある。観光は，観光者を地域の文化・自然等を受動的に享受する〈単なる消費者〉に変え，自然・文化等が変容・衰退していくことさえ分からないようにさせる「負の力」をもつ。B.スティグレールの「象徴的貧困」にならって，観光の「負の力」を「観光的貧困（touristic misery）」と名づけるならば，観光研究はこのような「観光的貧困」から目をそらすようなことがあってはならない。

　一人ひとりがグローバルな世界で他者とともに生きる「世界市民」（I.カント）となっていくためにも，観光現象を透徹した目で考察し，「観光的貧困」のメカニズムを再帰的に制御すると同時に，「観光的想像力」を開花させていくことが重要となろう。本書をお読み下さった方々が，一人でも多く，このことをともに担い，観光研究を新たなステージへと押し上げる仲間となって下さったならば，これにまさる喜びはない。

　たしかに本書には，考察が不十分である点がさまざまに残されている。そのことは筆者も深く認めている。だが，だからこそ本書が，読者の方々との出会いの中で議論され，新たなものへと生まれ変わり，生成のプロセスに身を置き（in mobile），「来るべき書物」（M.ブランショ）となってくれることを願っている。

　——越境せよ。と自らに言いきかせつつ。

　本書の大部分の章は公表済みの論文に加筆・修正を加えたものである。各章の初出は以下の通りである。

あとがき

まえがき：書き下ろし。
序　章：「人文・社会科学における『観光論的転回』──生成的なディシプリンへの呼びかけ」立命館大学地理学教室編『観光の地理学』文理閣，2015年，12-31頁。
第1章：「観光に恋するポップカルチャー──ポップカルチャー研究の『観光論的転回』」遠藤英樹・松本健太郎編著『空間とメディア』ナカニシヤ出版，2015年，215-237頁。
第2章：「東京ディズニーリゾートの想像力──『空間とメディア』の問題圏」遠藤英樹・松本健太郎編著『空間とメディア』ナカニシヤ出版，2015年，3-26頁。
第3章：「観光における『伝統の転移』──『合わせ鏡』に映る鏡像としての地域アイデンティティ」『立命館文学』第649号，2017年，102-112頁。
第4章：「ダークツーリズム試論──『ダークネス』へのまなざし」『立命館大学人文科学研究所紀要』No.110，2016年，3-22頁。
第5章：「恋愛と旅の機能的等価性──『虚構の時代の果て』における『聖なる天蓋』」遠藤英樹・松本健太郎・江藤茂博編著『メディア文化論』ナカニシヤ出版，2013年，59-76頁。
第6章：「グローバル時代の新たな地域研究──シンガポールを事例とした考察」『立命館文学』第645号，2016年，11-24頁。
第Ⅲ部補論：「『再帰性』のメディア──近代を駆動させるドライブとしての観光」遠藤英樹・寺岡伸悟・堀野正人編著『観光メディア論』ナカニシヤ出版，2014年，257-274頁。
終　章：「観光の快楽をめぐる『外部の唯物論』──モバイル資本主義を超える「遊び」＝「戯れ」の可能性」遠藤英樹・堀野正人編著『観光社会学のアクチュアリティ』晃洋書房，2010年，22-39頁。

最後に，本書を作成するにあたっては，多くの方々にお世話になった。まず

須藤廣先生（跡見学園女子大学），堀野正人先生（奈良県立大学），寺岡伸悟先生（奈良女子大学），山口誠先生（獨協大学）からは，観光社会学の研究をめぐり，たくさんのご教示を頂戴した。また橋本和也先生（京都文教大学），神田孝治先生（和歌山大学）からも『観光学ガイドブック』の編集や学会活動の中でいつも刺激的な議論を交わさせて頂いた。これらの議論がなければ，本書はあり得なかっただろう。

立命館大学文学部に所属される同僚の先生方，とくに地域研究学域の先生方には，いつもさまざまなかたちでご助言やご教授を頂戴している。そのことについてもお礼を申し上げたい。藤巻正己先生からは，帰宅する電車内の会話の中で，「開かれた思考の愉しさ」をあらためて思い起こさせて頂いた気がする。だからこそヨーナス・ラースン先生（デンマーク・ロスキレ大学），リチャード・シャープリー先生（英国セントラル・ランカシャー大学）をはじめ諸外国の先生方とも，新たな交流をもとめるようになったのではないだろうか。

他にもお名前を挙げていない方々が数多くいらっしゃるが，本書は，それらの方々すべてに支えられたからこそ執筆できたのだと思っている。

最後に，学術書の出版が大変な時にあって，本書の出版を快く引き受けて頂いたミネルヴァ書房に心より御礼を申し上げる。とくに編集の段階で音田潔氏をはじめとする同社の皆様には，大変お世話になった。

――皆さま，本当にありがとうございました。

なお本書は，「立命館人文学会学術出版助成費（A）」の交付を受けて刊行されたものである。

2016年10月

遠藤英樹

索　引

あ　行

アイデンティティ　67, 69, 90, 96, 99, 100-103, 107, 108, 128, 129, 157
アウラ（オーラ）の消滅　41
秋葉原　131, 132
アクター・ネットワーク理論　50
遊び　48, 116, 140, 144, 147, 154-158
足立重和　62
アトラクション　27, 37, 45-47, 54, 112, 153, 155
アドルノ，T.　129
アニメ・エキスポ　25
アニメ聖地巡礼　26
アパデュライ，A.　12, 35
アフォーダンス　11, 118
アーリ，J.　iv, 10, 12, 13, 16, 35, 115, 117
アルチュセール，L.　15, 40
異化作用　89
石田英敬　i, 34
市野澤潤平　88
井出明　75
イデオスケープ　12, 35
イデオロギー性　1, 2, 11, 22, 29
イリイチ，I.　155, 156
インタープリター　4, 6, 72
ヴェーバー，M.　96
ウォーラーステイン，E.　iii
宇野常寛　103, 137
『易経』　80
エコツーリズム　148
エージェンシー　50, 51
エージェント　ii, 15, 50, 52
エスノスケープ　12, 35, 36
エピクロス　140-143, 159
エリオット，A.　10
エンゲルス，F.　142

遠藤英樹　15
応答責任性　158
大きな物語　i, 54, 157
　　――の終焉　54
オーソリティ　5
オフ会　37
オリジナリティ　5
オリジナルなき世界　67, 69

か　行

カイヨワ，R.　158
快楽　139, 140, 142-145, 148, 149, 151-153, 155
がっかり名所　134, 135
カルチュラル・スタディーズ　1, 9, 22
川崎賢一　121
観光客のまなざし　27
観光経験　100, 101
観光対象　27, 37, 61, 133
観光的想像力　31, 32, 34, 37, 172
観光的貧困　172
感情労働　54
カント，I.　172
起源　66, 69, 160
記号論　1, 8, 9, 21, 29
疑似イベント　2, 3, 8, 149-151
ギデンズ，A.　120, 128, 129, 131, 159
機能的等価性　90, 101
ギブ・キッズ・ザ・ワールド　153-155
キャリー，ジム　viii, 122-125, 128, 136
共示　21
虚構　28, 29, 91, 92
　　――の時代　viii, 90-93, 95, 96, 101, 105
ギルロイ，P.　22
クック，トーマス　146
蔵前仁一　99
グラムシ，A.　15

175

クリプト・ツーリズム　78
グリーンツーリズム　148
グローバリズム　103, 158
グローバリゼーション　viii, 45, 106, 117
グローバル　vi, 12, 21, 34-36, 39, 41, 51, 69, 106, 139, 157, 171
グローバルな複雑性　vi, 36
ケチャダンス　59, 135
「決断主義」の想像力　104
言語論的転回　v, 1, 2, 8-12
顕示　21
現実界　149
現象学的社会学　8
現代文化研究センター　22
行為者　50-52
　　──性　50
構造-機能主義　7
構造主義　1, 9
　　──的人類学　8, 9
構築主義　2, 4, 6, 9
コーエン, E.　15, 100
ゴー, チョクトン　108
国家のイデオロギー諸装置　40
コノテーション　21, 22, 105
小林紀晴　99
ゴフマン, E.　3, 8, 151
コミックマーケット　29, 135, 137
コンヴィヴィアリティ　iv, 140, 155-157, 160
痕跡　iv-vi

さ 行

再埋め込み化　120
再帰性　vii, viii, 103, 116, 122, 125-129, 131, 132, 134-137
差異性　171
サイト　37
再魔術化　105
サッチャー, マーガレット　iii
佐藤俊樹　16
沢木耕太郎　97
産業資本主義　ix, 139, 142
ジェイムソン, F.　20

シェラー, M.　iv, 13
持続可能な観光　147, 148, 159
実定性　117, 119
死の欲動　vii, 85
シミュラークル　41, 154
シミュレーション　i, vi, 41-43, 47-49, 52, 54, 152
下川裕治　99
社会 (society) の発見　16
社会システム　7, 8
社会的なもの　vi, 12, 14, 16, 20, 34-36
シュピース, W.　59
巡礼　103
象徴界　149
象徴的貧困　34, 172
新奇性　171
シンクロナイズ　vii, 65, 66, 68
真実さ　5
新自由主義　85
真正性　2-6, 8-10, 15, 52, 65, 77
　　演出された──　8, 15, 151, 152
　　観光の──　6, 7, 9, 15, 70, 71
シンボリック・インタラクション　8
スケープ　iv, v
スティグレール, B.　34, 172
須藤廣　15
スペクタクル　59, 139
生産　iii, 41, 118, 146, 156
政治的無意識　20, 21, 36
精神分析学者　65
聖なる天蓋　vii, 90, 96, 100, 104, 105
制服ディズニー　48
想像界　149
ソシュール, F.　1, 21
ソフト・パワー　24-27, 29, 37, 39
ソンタク, スーザン　88

た 行

ダークツーリズム　vii, 73, 75-81, 83-85, 88, 89
ダークネス　vii, 80, 83, 84, 88, 89
脱埋め込み化　120, 128

脱工業社会　92
脱魔術化　96
戯れ　ix, 20, 140, 144, 147, 154-158, 160
地域アイデンティティ　vi, vii, 58, 65-69, 71
小さな物語　i, 157
『地球の歩き方』　98, 120
ツーリズム・モビリティ　iv-vii, ix, 13, 89, 158
ディシプリン　vi, 14-17
テクノスケープ　12, 35
デノテーション　21, 22
テーマ化　45
テーマパーク化する都市　40
デモクリトス　140
デラシネ　vii, 68
デリダ, J.　iv, 2, 15
転移　63-65, 69
伝統の創造　ii, 58, 59, 61-63
伝統の転移　58, 62-65, 67, 71, 160
伝統の伝播　71
伝統の変容　58, 63
伝統の模倣　71
統合型リゾート　110
同調　vii, 65, 66, 68
ドゥボール, G.-E.　139
ドゥルーズ, G.　172
閉じてゆく思考　171
「トーナメントバトル」の想像力　104

な 行

ナイ, J.　25, 37
ナショナル　ii, iv, 12, 36
日常性　44, 85, 86
ニュー・セイラム　4, 5

は 行

ハイブリッド消費　45, 46
バウマン, Z.　103
覇権　71
橋本和也　15
パスティーシュ　4, 8, 152
パーソンズ, T.　7

バタイユ, G.　144, 155, 158
バックパッカー　96-99, 101
ハニガン, J.　53
パフォーマティブ労働　vi, 45-47, 54
パブリック・ディプロマシー　25
バルト, R.　1, 15, 22
パワースポット　103
「引きこもり」の想像力　104
非日常　89, 102
日比野宏　99
表象　2, 6, 9, 21, 22, 24, 35, 61, 62, 64, 65, 68
開かれた思考　171, 174
ファイナンススケープ　12, 35
『ファンタジー・シティ』　53
フィンテック　ii
ブーアスティン, D. J.　2, 3, 7, 8, 149, 150
風景　iv, v, 24, 32, 38, 60, 114, 132-134, 151
フォーレ, M.　78
フーコー, M.　2, 15
ブーダ, D. M.　85
ブライマン, A.　45, 53, 54
フラッシュモブ　30
フラット化　96
ブランショ, M.　172
ブルーナー, E. M.　4, 5, 7, 9, 15
フロイト, S.　vii, 65, 85, 143
プロジェクション・マッピング　31, 32
文化産業　32-34, 93
文化的想像力　31, 32, 34, 36, 37
文化論的転回　v, 1, 9, 10, 12
平和の記憶　89
ヘゲモニー　71
ベック, U.　128, 129, 131, 159
ベル, D.　92
ホイジンガ, J.　158
ポケモンGO　32
ポスト・グーテンベルグ　i, iv
ポスト・ナショナル　i, ii, iv
ポスト・ヒューマン　i, ii, iv
ポスト・フォーディズム　i-iv, vi, 54
ポスト構造主義　9
ホスピタリティ　iii, 160

ホックシールド，A.R.　54
ボードリヤール，J.　41, 42, 54, 152
ボブズボウム，E.　ii, 58
ホール，S.　22
ホルクハイマー，M.　129, 130
ボロック，J.　13
本城靖久　145
本物らしさ　5, 6

ま 行

前川健一　99
マーカー　37
マキァーネル，D.　3, 7, 8, 15, 37, 151
マクルハーン，M.　i, 24
マスツーリズム　146-148, 159
マーチャンダイジング　45, 46
マック・ディズニー化　53
マラン，ルイ　43
マルクス，K.　140-143, 145, 158
見田宗介　viii, 90, 91
宮田珠己　99
村上裕一　105
メディア（媒体）　i, 2, 3, 7, 8, 11, 13, 23-25,
　29, 34, 37, 41-43, 49, 51, 52, 54, 84, 90, 100, 101,
　103, 104, 107, 118, 123, 125, 126, 136, 139, 149,
　150, 152, 160
　──スケープ　12, 35
メディカル・ツーリズム　110
模造　4, 41
素樹文生　98
モバイル　vi, vii, 14, 21, 34, 35, 41, 47, 49, 51,
　52, 58, 69, 85, 89, 118, 119, 171
　──化　67
　──資本主義　ix, 139, 157, 158
　──な生　10
モビリティ　iv-vi, viii, 10-14, 16, 34, 35, 83,
　84, 90, 101, 103, 158
モビリティーズ　117-119
　──・パラダイム　11

や 行

由布院　133, 134
夢の時代　viii, 90, 91, 96
余暇移民　13
よさこい祭り　58, 62-67, 71

ら 行

ラカン，J.　65, 148
ラトゥール，B.　ii, 50
リア充　105
リー，クアンユー　107
リー，シェンロン　108
リオタール，J.F.　i, 54, 157
リスク社会　129, 131, 137
理想の時代　viii, 90, 91, 96
リッツァ，G.　53
リンカーン，エイブラハム　4
ルーマン，N.　101
レヴィ＝ストロース，C.　8, 15
レジャー・マイグレーション　13
レノン，J.　78
ローカライゼーション　viii, 106, 117
ローカリティ　vii, 84
ローカル　vi, 12, 36, 120
　──・エスニシティ　103
ローティ，R.　1

わ 行

ワジク，ビル　30
ワン，N.　15

欧文

AR　38
BCCCS　→現代文化研究センター
BDエキスポ　25
EU　ii
IR　→統合型リゾート
MICE　110

著者紹介

遠藤英樹（えんどう・ひでき）

1963年生。
1995年　関西学院大学大学院社会学研究科後期博士課程単位取得退学。
現　在　立命館大学文学部教授。
主　著　『ガイドブック的！　観光社会学の歩き方』春風社，2007年。
　　　　『現代文化論――社会理論で読み解くポップカルチャー』ミネルヴァ書房，2011年。
　　　　『観光メディア論』ナカニシヤ出版，2014年。
　　　　『空間とメディア』ナカニシヤ出版，2015年。

ツーリズム・モビリティーズ
――観光と移動の社会理論――

2017年3月10日　初版第1刷発行　　　〈検印省略〉

定価はカバーに
表示しています

著　者　遠　藤　英　樹
発行者　杉　田　啓　三
印刷者　大　道　成　則

発行所　株式会社　ミネルヴァ書房
607-8494　京都市山科区日ノ岡堤谷町1
電話代表　(075)581-5191
振替口座　01020-0-8076

Ⓒ 遠藤英樹，2017　　　　　太洋社・清水製本

ISBN978-4-623-07878-3
Printed in Japan

現代文化論

遠藤英樹 著

A5判／176頁／本体2400円

よくわかる観光社会学

安村克己・堀野正人・遠藤英樹・寺岡伸悟 編著

B5判／216頁／本体2600円

モバイル・ライブズ

アンソニー・エリオット，ジョン・アーリ 著／遠藤英樹 監訳

A5判／266頁／本体5000円

ジェントリフィケーションと報復都市

ニール・スミス 著／原口 剛 訳

A5判／480頁／本体5800円

再魔術化する都市の社会学

園部雅久 著

A5判／264頁／本体5500円

犯罪統制と空間の社会学

山本奈生 著

A5判／272頁／本体6000円

―――― ミネルヴァ書房 ――――

http://www.minervashobo.co.jp/